AF131589

La Grande Transition
ou
Les Variantes de l'Apocalypse

L,A Seklitova
L.L Strelnikova

La Grande Transition
ou
Les Variantes de l'Apocalypse

La série « La Magie de la Perfection »

© 2023 Nom de l'auteur **Larisa Seklitova**
© 2023 Nom de l'auteur **Ludmila Strelnikova**
© 2023 Détenteur des droits **Simon Couvin**

Édition : BoD – Books on Demand, info@bod.fr
Impression : BoD – Books on Demand,
In de Tarpen 42, Norderstedt (Allemagne)
Impression à la demande
ISBN : 978-2-**3224-7014-3**
Dépôt légal : **Janvier 2023**

**Réédition : Janvier 2023
(L'ancien livre 02.2017 a été résilié,
l'édition 01.2023 remplace donc l'ancienne édition)**

LA GRANDE TRANSITION ou des variantes de l'apocalypse.
La série « La Magie de la perfection ».
Seklitova L.A., Strelnikova L.L., 2009.

Ce livre explique comment l'âme d'une personne change de forme pendant l'incarnation et après la mort, comment elle peut être pesée à l'aide des outils matériels et explique ce qui peut être déterminé par le poids de l'âme.

Si vous vous intéressez aux prédictions, vous les trouverez dans les pages de ce livre et comprendrez pourquoi certaines d'entre elles ne se réalisent pas. Le lecteur découvrira comment fonctionne le mécanisme d'action de la télépathie et ce qui est nécessaire à l'existence du paradis, apprendra la base des capacités curatives des pierres et des lieux de force et découvrira quel chemin l'humanité emprunte actuellement. Le livre lui révélera le mécanisme interne de l'influence de l'argent sur l'âme humaine et lui conseillera s'il doit prendre de l'argent pour faire de bonnes actions. Le lecteur y trouvera également des réponses à de nombreuses questions brûlantes de la vie actuelle.

Aucune partie de ce livre ne peut être reproduite sous aucune forme sans le consentement des auteurs ou de leur ayant droit.

*© 2023 Nom de l'auteur **Larisa Seklitova***
*© 2023 Nom de l'auteur **Ludmila Strelnikova***
*© 2023 Détenteur des droits **Simon Couvin***

Réédition : Janvier 2023
(L'ancien livre 02.2017 a été résilié,
l'édition 01.2023 remplace donc l'ancienne édition)

Introduction

L'homme moderne se trouve dans un océan d'informations diverses. Il étudie quelque chose qui lui est inconnu, écrit des articles et des livres sur la base de ce qu'il a étudié, crée des théories et avance des hypothèses. Et tout cela semble tout à fait convaincant et acceptable pour la perception jusqu'à une certaine période du développement de la société.

Mais le moment arrive où de nouvelles connaissances descendent d'en haut sur la Terre, ce qui change immédiatement l'attitude envers toutes les informations précédentes. Elle devient obsolète, se transforme en fausses informations, et tout ce qui aidait l'homme à progresser devient un frein à son développement. Et si une personne continue à utiliser l'ancien pour s'améliorer, elle reste bloquée sur place et n'avance nulle part.

Seules les lois, qui construisent et gouvernent le monde, restent justes. Elles sont immuables et passent donc d'un stade de développement humain à un autre. Et tous les raisonnements et enseignements philosophiques deviennent généralement irréversiblement obsolètes, se transformant en simples étapes d'ascension de l'âme.

Pour aller de l'avant, lorsque de nouvelles connaissances arrivent sur la Terre, il est nécessaire de les utiliser pour élaborer sa future vision du monde. Cela nécessite de maîtriser de nouveaux concepts et de se débarrasser des vieilles idées sur le monde. En d'autres termes, il est nécessaire d'agir selon la loi de la "négation".

C'est pourquoi ce livre enseigne comment se débarrasser des notions erronées et montre comment comprendre l'ancien à la lumière des nouvelles connaissances, et signale les défauts des visions du monde. En les corrigeant, nous transmettons une nouvelle compréhension, une nouvelle façon de penser, et aidons ainsi l'homme à construire correctement sa conscience.

Mais comment une personne peut-elle alors se développer si la plupart des connaissances qu'elle apprend sont erronées ? Il s'avère qu'un être humain encombre sa mémoire d'informations inutiles, qui sont ensuite éliminées en même temps que l'enveloppe temporaire - mentale. Que reste-t-il alors à faire pour l'être humain ?

En comprenant les informations, en y réfléchissant, on apprend à relier une chose à une autre, à écarter tout ce qui est inapproprié, à apprendre à systématiser, à assimiler de nouvelles énergies, à les relier habilement aux énergies du niveau précédent.

L'homme forme son propre organe de pensée dans toute sa diversité, il développe un mécanisme de pensée personnel, il apprend à penser de manière indépendante sans programmation venant d'en haut et à percevoir correctement les événements réels.

Par exemple, un être humain n'est pas capable d'expliquer correctement ce qui se passe actuellement sur notre planète : pourquoi le climat change, pourquoi les glaciers fondent, pourquoi un système s'effondre et un autre émerge. Toutes ses explications se révèlent fausses et semblent naïves, enfantines, bien que les personnes de la science tentent de leur donner le sérieux de l'argumentation et la validité scientifique. C'est pourquoi, dans ce livre, vous et moi apprenons à penser correctement, ou plutôt d'une nouvelle manière, en nous débarrassant des notions erronées, et à nous rapprocher ainsi le plus possible de la vérité.

Il convient de rappeler que toute théorie scientifique, avant tout, n'explique pas tant correctement la réalité existante qu'elle n'apprend à certains (les scientifiques) à rassembler des faits de manière convaincante pour en faire des preuves, et apprend à d'autres (ceux qui lisent et étudient ces théories) à penser, à former des concepts initiaux, à être capables de suivre les scientifiques dans leur recherche de la vérité et, avec leur aide, à aller de l'avant. Tout cela contribue au développement de l'enveloppe mentale à différents niveaux de développement, de sorte que même les théories erronées jusqu'à un certain point (jusqu'à ce que de nouvelles connaissances arrivent) sont bénéfiques à l'homme, contribuant à son développement.

De cette façon, l'essence du changement de la conscience consiste à la libérer des vieux dogmes endurcis et à assimiler les nouvelles connaissances envoyées à l'humanité par les Enseignants

Supérieurs, à former sur leur base des concepts modernes sur le monde d'un Niveau plus élevé que les idées antécédentes de type préhistorique sur soi-même et la réalité environnante.

*   *   *

Chapitre 1

POURQUOI LES PRÉDICTIONS POUR LA FIN DU MONDE SONT DIFFÉRENTES

Essayons de donner un sens aux nombreuses prédictions entourant la fin de l'histoire de la cinquième race. Nous avons posé la question : pourquoi les prédictions sont-elles différentes, ou plutôt, pourquoi prédisent-elles une fin du monde différente ? C'est ce qui nous intéresse pour l'instant. Quelles sont les raisons de la multiplicité des prédictions ?

A la fin du 20e et au début du 21e siècle, les prédictions sont nombreuses et variées. Certains prétendent qu'un énorme astéroïde frappera la Terre, provoquant un tel tremblement à la surface de la planète et secouant toute l'atmosphère que l'humanité sera anéantie en un instant. D'autres craignent que la nouvelle comète McHoltz II, découverte en août 1994 par un astronome américain, se dirigeant vers le Soleil et se désintégrant en 5 morceaux, ne porte des coups dévastateurs aux villes habitées et au monde naturel de la Terre. D'autres prédisent la mort de toute vie par une glaciation instantanée, sur la base de leurs connaissances en physique et en histoire ancienne. Quatrièmement, ils affirment que la Terre devrait être bouleversée de telle sorte que toute vie périra en raison du déplacement de l'atmosphère par rapport à la surface de la planète. Cinquièmement, ils décrivent de terribles inondations. Certains prédisent qu'elles proviendront de la fonte des glaces éternelles de l'Antarctique et du pôle Sud, tandis que d'autres croient qu'une vague de l'océan Atlantique, provoquée par un déplacement des continents, emportera toutes les villes côtières, détruisant les petites et grandes îles et les débarrassant de toute vie.

Certaines des prédictions se réalisent (inondations de petites zones), mais tout le monde attend des catastrophes universelles, mais elles ne se produisent pas encore. Les inondations sont principalement causées par les ouragans, les tsunamis et les pluies torrentielles. Si des pierres tombent du ciel, elles sont toujours petites, comme si quelqu'un d'en haut visait le bon endroit au bon moment.

Les gens creusent dans les prédictions des visionnaires du passé, décryptant Nostradamus, Edgar Cayce. Mais à la fin du 20e siècle et au début du 21e siècle, les prédictions ont cessé de se réaliser. Et immédiatement, les gens ont commencé à attaquer les prédicteurs et à les accuser amèrement d'être incapables de faire des prédictions exactes, ce qui signifiait que le don divin de l'homme était remis en question.

Mais ne vous fiez pas aux prédictions des vrais visionnaires qui ont confirmé à plusieurs reprises la réalité des événements futurs. Et le fait que certaines situations ne se produisent pas est dû à l'existence de voies multivariables de l'humanité. La prédiction voit dans les événements présents les images de l'avenir auxquels ces événements conduisent.

Mais dans le programme de développement de la société, il y a toujours des situations données, jusqu'au dernier point du programme, qui peuvent changer l'avenir de l'humanité et l'éloigner de la catastrophe annoncée vers une autre variante du programme assurant une vie calme et heureuse. Autrement dit, si l'humanité résout correctement certaines tâches dans une situation de choix, elle fait passer son avenir de l'ombre à la lumière. Par conséquent, si la catastrophe ne s'est pas produite, cela

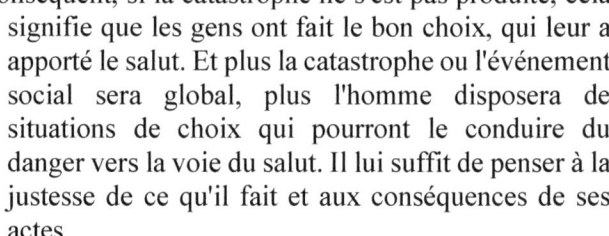

signifie que les gens ont fait le bon choix, qui leur a apporté le salut. Et plus la catastrophe ou l'événement social sera global, plus l'homme disposera de situations de choix qui pourront le conduire du danger vers la voie du salut. Il lui suffit de penser à la justesse de ce qu'il fait et aux conséquences de ses actes.

Mais tous ces événements tragiques que le prophète a révélés à l'humanité sont programmés dans le programme de l'homme comme des variantes de son existence. Ils existent sur le plan subtil dans les images de la vie de la société, mais ils restent dans les hologrammes des événements non réalisés. Tout ce que les prédictions prévoient dans le futur existe dans le programme de l'humanité, les intrigues décrites sont développées dans le programme général et le fait qu'elles ne se soient pas réalisées ne dit qu'une chose - l'humanité a choisi une autre voie de développement. Et il est clair que si la catastrophe ne s'est pas produite, alors, par conséquent, les gens sont devenus plus intelligents en faisant le bon choix et ont réussi par leurs propres efforts à se sauver.

En effet, l'humanité vit et influence constamment son avenir, le changeant pour le meilleur ou pour le pire. Et plus le temps sépare le moment de la prédiction de sa réalisation, plus il est possible (chance) qu'il change, qu'il devienne différent ; plus il est possible que des personnes aient influencé les événements ultérieurs de sorte que la version prédite de leur avenir devienne différente. Il ne s'agit donc plus de prédiction, mais du comportement des gens.

Mais une condition doit être remplie : seuls peuvent être modifiés les événements futurs qui ne sont pas des événements déterminants et fatidiques dans le programme de la société (ou d'une personne). Nous savons qu'il y a des événements (livre "Révélations du Cosmos" de A.I. et L.L. Strelnikov) par lesquels l'humanité doit nécessairement passer (points de contrôle du programme) et qu'il y a des événements qui peuvent être évités (points secondaires du programme). Ainsi, dans les prédictions, seuls les événements qui sont précédés d'un choix ne se réaliseront pas (Fig. 1).

Si l'on considère le fragment du programme de développement de la société, nous constatons que la société se voit proposer trois options de parcours (1, 2 et 3), sur chacune desquelles se produiront des événements (mauvais ou bons) correspondant au choix des personnes. Si les personnes ont choisi la voie 3, alors les événements auxquels les prédicteurs étaient liés au moment de la voyance, situés sur les options 1 et 2, restent non réalisés, et leurs prédictions apparaîtront donc fausses.

Chaque nation, chaque peuple a ses voyants et ses devins, mais ils sont toujours peu nombreux. Chacun d'entre eux, en fonction de son niveau de développement, ne peut se connecter qu'à certains événements. C'est pourquoi leurs prédictions seront différentes. Un devin de niveau bas ne verra pas un événement global parce que son faible énergopotentiel ne peut pas se connecter à un événement construit sur des énergies puissantes (hologrammes sociaux). Et un devin de haut niveau ne sera pas en mesure de prédire les événements de la vie privée s'ils sont initialement construits sur des situations de planètes élevées. En d'autres termes, chacun d'entre eux a des tâches différentes.

FRAGMENT DU PROGRAMME DE LA SOCIÉTÉ

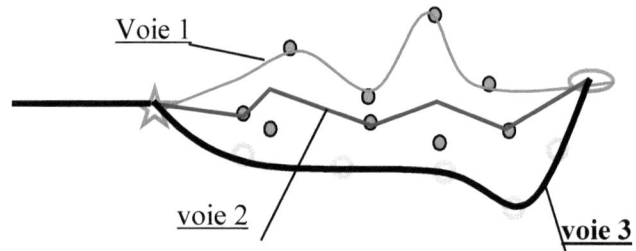

Légende :
- point de contrôle, ou point de choix ;
- des événements réalisés (qui se réalisent) ;
- des événements non réalisés ;
- l'événement final auquel conduisent les trois options de développement ;

Voie 1, Voie 2 - des options pour le développement de la société non réalisées ;

Voie 3 - La voie de développement choisie par la société ;

Fig. 1

Chaque devin a une orientation différente dans les prédictions : Vanga a prédit la vie privée, Edgar Cayce a prédit la vie au niveau planétaire, Nostradamus a prédit les situations sociales. Un visionnaire voit Paris être détruit par une grosse météorite qui lui tombe dessus, tandis qu'un autre se branche sur un hologramme du futur qui montre l'Allemagne en train de sombrer. Les prédictions sont différentes. Chacun des devins voit une version particulière du programme d'existence de son peuple. Mais comme il ne voit qu'une variante possible de l'exécution et non un événement fatidique qui ne peut être évité, sa prédiction peut ne pas se réaliser. Mais cela ne signifie pas que la prédiction était erronée. Cela aurait pu être le cas, mais les gens en ont décidé autrement.

Les gens eux-mêmes font souvent le lien entre les événements qui peuvent entraîner la perte d'une nation ou d'une ville et l'humanité tout entière, qui périrait dans un déluge cosmique, ou bien qui gèlerait dans une glaciation soudaine ou serait brûlée par la chute d'une météorite. On peut donc dire que la prédiction sera fausse si les événements privés d'une nation tentent de se propager à l'échelle mondiale.

Il faut dire qu'il y a aussi des vrais devins et des non-vrais devins mais ceux qui les imitent. Les vrais voyants sont ceux qui sont nés avec une structure spéciale et un programme spécial qui leur permet de faire de véritables prédictions et de voir l'image réelle de l'avenir (ils sont clairvoyants) ou d'en entendre parler (par exemple, ils entendent parler des événements par une personne de contact, un clairaudient). C'est-à-dire que les événements peuvent être vus ou entendus.

Le visionnaire dans les images visibles de l'avenir ne peut pas toujours tout comprendre et le communiquer très précisément aux autres, car les images holographiques sont pleines de toutes sortes de détails constructifs qu'une personne ne peut pas toujours comprendre ou communiquer elle-même aux autres.

Si deux devins voient la même image de l'avenir, ils la décriront avec des mots différents, car chacun a des idées différentes à ce sujet. L'un ne pourra en dire que deux mots, tandis que l'autre le décrira avec force de détails. La bonne description dépendra du développement de l'âme de chaque devin et de la compétence du devin à comprendre les concepts du monde subtil et à les relier au moment présent. C'est-à-dire que chaque devin a également une qualification différente. Par exemple, une personne qui regarde un nuage y verra la tête d'un ours, tandis qu'une autre dira qu'elle voit un petit cochon. Chacun compare ce qu'il voit avec sa propre notion, son image, ce qui lui est le plus proche à ce moment-là, il a une perception différente de la réalité.

Cependant, parmi les vrais voyants, il y a aujourd'hui des personnes qui, n'étant pas naturellement dotées du don de divination, essaient de le faire d'autres manières : sur la base de leurs déductions et de leurs connaissances scientifiques, à la suite de la lecture et de l'utilisation de matériaux de contacteurs qui ont un vrai canal et ont reçu la vraie connaissance du Supérieur.

Il arrive qu'une personne lise beaucoup de littérature de contact avec des prédictions, puis qu'il se produise dans sa tête une transformation des informations d'autrui en informations propres : elle se souvient de ce qu'elle a lu et de ce qui a été oublié pendant un certain temps, et fait en sorte que ces souvenirs soient considérés comme ses propres prédictions. En même temps, elle résume souvent les prédictions de plusieurs contactés, on obtient donc une sorte de description des images du futur, mais parmi ces prédictions, il y en a beaucoup d'erronées qui n'existent pas dans le programme de la société ou de l'humanité, car tous les événements sont le fruit de la créativité de sa propre mémoire et d'une réelle conscience du monde. Ce faisant, chacun tente de mettre en prédiction la base scientifique des connaissances qu'il maîtrise à la perfection : le physicien fait appel à la connaissance du monde physique, l'astrologue à la connaissance astrologique, l'astronome à la connaissance de l'astronomie, etc. De telles prédictions deviennent des créations de son propre esprit.

Bien sûr, si l'intellect d'une personne est très développé et qu'elle est capable d'analyser la réalité présente, de la comparer et de la contraster avec ce qu'elle a lu chez d'autres et par un ensemble de faits, de voir dans quelle direction vont les événements de l'époque actuelle, alors son cerveau choisira en mémoire les prédictions qui reflèteront le plus fidèlement l'avenir comme conséquence de ce mouvement. Les politiciens et les stratèges par les actions du présent sont capables de voir les conséquences des événements grâce à la capacité de penser logiquement et correctement, et de voir les conséquences par les raisons. Une telle compétence conduit également à des prédictions correctes, bien que la personne dans le présent prédise en utilisant des méthodes complètement différentes pour déterminer l'avenir.

Voici quelques exemples de prédictions faites par différentes personnes. Je ne les appelle pas voyants ou clairvoyants car dans leurs prédictions, elles proviennent de leurs propres conclusions, de leur propre travail de réflexion, de mémoire, de logique. Et je ne dis pas que c'est une mauvaise chose. La capacité à tirer ses propres conclusions personnelles sur la base de certains faits manifestés dans la vie, sur la base d'informations étudiées par d'autres est utile et développe de nombreuses qualités positives : logique, analyse, observation, etc.

Elle favorise également le développement de la réflexion et de l'intuition.

On fait des prédictions de manière analytique, puis on vérifie si elles se réalisent ou non, et on analyse ainsi ses conclusions. Mais, je le répète, la base de leurs prédictions n'est pas un canal de communication avec le Très-Haut ou une structure spéciale subtile, mais les informations reçues d'autres personnes : de véritables contacteurs et voyants. Après avoir lu suffisamment de livres de contact et regardé suffisamment d'émissions de télévision sur les phénomènes naturels inhabituels qui ont inondé notre monde au cours des dernières années, ils créent un conglomérat des événements qui leur semblent les plus probables pour l'avenir.

Voici quelques exemples de prédictions actuelles.

1. Par exemple, Aleksandr C. Lazarev, un scientifique ukrainien, docteur en médecine, a déchiffré les prédictions du devin français Michel Nostradamus, qu'il a présentées dans son livre "Nostradamus - Apostle Michael". Lazarev prévoit une troisième guerre mondiale au 21e siècle, dans laquelle au moins 30 % de la population mondiale pourrait mourir.

Avec l'aide de Nostradamus, il déchiffre la Bible, qu'il présente dans son livre "La Bible déchiffrée ou Requiem pour la civilisation". Il écrit ici que "la Bible contient un avertissement : au 21e siècle, l'humanité connaîtra les plus grands bouleversements causés par la division des continents. ...".

Dans ce livre, Lazarev se concentre sur trois catastrophes globales qui doivent se produire dès notre siècle. Ainsi, il souligne que :

"Au début de l'ère du Verseau, qui durera de 2003 à 4163, la troisième guerre mondiale commencera et durera 27 ans. Elle deviendra une guerre de religion, touchant deux tiers de la population mondiale et la moitié de son territoire. La guerre peut encore être évitée, bien que les chances que cela se produise soient faibles ou nulles. La guerre commencera en Europe du Sud et s'étendra ensuite à l'Afrique du Nord, à l'Est, à l'Asie, à la Russie et à l'Amérique du Nord.

En 2056-2058, plusieurs volcans éjecteront dans l'atmosphère un morceau de la surface de la Terre pesant environ 1,5-2,0 milliards de tonnes. Il passera par le pôle Nord à une altitude de 450-750 kilomètres et tombera dans le sud de l'Europe 7 jours après l'impact. Avant l'impact (à environ 700-1000 km de distance), le fragment se divisera en trois parties. Une partie tombera dans le Golfe de Gascogne, la deuxième partie touchera la France (la ville de Narbonne) et la troisième partie touchera l'Italie (Rome). La Grande Rome et le Vatican périront à cause de l'impact. Le tsunami inondera la Grande-Bretagne, l'Irlande et les côtes est des États-Unis et du Canada. Le prochain déluge aura lieu ".

Et les inondations de la Nouvelle-Orléans ne sont qu'une répétition des grands événements à venir.

Il poursuit en écrivant :

"En 2066, la séparation des plaques continentales d'Eurasie et d'Afrique commencera et ne se terminera que dans 20 ans. Le centre de la faille est la mer Égée et la ligne de faille est la France, l'Italie, la mer Méditerranée, la mer Égée, le fleuve Euphrate et le golfe Persique. La catastrophe provoquera une inondation mondiale. La hauteur des eaux de la mer Égée s'élèvera à plus de trois kilomètres (Petit Ararat). Le déluge passera sur toute la surface de la Terre. L'angle de l'axe de la Terre et de la grille de parallèles et de méridiens va changer. Dans 80 ans (en comptant à partir de l'an 2000), la planète Nibiru passera près de la Terre. Elle apportera une nouvelle catastrophe, mais elle sera aussi une étape importante dans le virage de l'humanité vers une nouvelle civilisation.

Au XXIIe siècle, la Terre se stabilisera et l'humanité entamera le processus de restauration. Dans 1000 ans, une autre rupture se produira : la péninsule arabique se détachera de l'Afrique. L'humanité survivra à cette apocalypse et évoluera pendant des milliers d'années, mais les technologies de maintien de la vie et le système d'organisation et de gouvernance des États changeront".

Dans ce cas, l'auteur de ces prédictions ne peut être qualifié de devin, de voyant par nature. Il essaie de calculer l'avenir sur la base de ses connaissances et du fonctionnement de son propre intellect. Le pourcentage de véracité des prédictions dépend de la justesse de ses conclusions, ce n'est donc pas Nostradamus qui se trompera dans ses prédictions, mais le codeur qui a mal déchiffré certains événements.

En revanche, si on prévoit tous les cataclysmes possibles de nature générale, ils ne vont pas manquer de se réaliser, ce qui est confirmé par la pratique de la vie. Au début du 21e siècle, inondations, tremblements

18

de terre, incendies, ouragans, tsunamis, fortes pluies, nouvelles maladies, réchauffement du climat. Nous avons déjà tout vu. C'est arrivé. Mais comme la Terre ne s'est pas encore reconstruite, il est clair qu'elle continuera jusqu'à ce que la chose principale se réalise sur Terre, à savoir la formation d'un continent et la dissimulation de tout le reste sous l'eau. C'est-à-dire qu'à partir des événements actuels, il est possible de prédire les suivants, en tenant compte des perspectives de restructuration du continent, en faisant une petite généralisation et quelques conclusions.

- - -

2. Vladimir Yevlannikov, ingénieur et auteur du livre "Sur les marches de la connaissance secrète", écrit ce qui suit à propos des changements futurs associés à la transition de la Terre vers une nouvelle orbite :

"L'année 2009 verra un énorme tsunami dans l'océan Atlantique qui plongera l'économie des États-Unis et de plusieurs États européens dans le chaos. Une énorme dévastation se produira dans les pays côtiers du bassin atlantique.

En décembre 2012, l'ère des Poissons se termine et le cycle du Verseau commence. À une jonction d'époques, le cinquième changement polaire a lieu. Il déplacera l'axe de rotation de la Terre de 60 degrés sur un méridien allant du point actuel du pôle Nord à la région de la Nouvelle-Orléans, dans le sud des États-Unis. Ce grand changement pourrait se produire très rapidement dans le temps : en 4-5 heures. L'un des facteurs influençant ce phénomène sera l'étoile Nemesis, jumelle de notre Soleil, qui apparaîtra dans le ciel avec ses douze satellites. Cela va changer l'alignement magnétique des forces dans notre système.

Le champ magnétique de la Terre va faire tourner le noyau liquide, ce qui va faire bouger la croûte du manteau de la surface terrestre. Le globe prendra une nouvelle position par rapport à son axe".

Mais Kryeon explique dans "Partenariat avec Dieu" que "le décalage prédit est en fait une modification du réseau magnétique (ce que fait Kryeon en réalité), et non un décalage de l'axe de rotation". Mais comme l'homme ne sait pas comment la planète se remodèle sur le plan subtil, il impose à ces changements les notions de son niveau de développement.

Evlannikov rapporte également :

"Il y aura un mouvement des masses terrestres, la submersion de certaines parties, la scission des masses terrestres et la remontée des fonds marins dans d'autres parties de la Terre. La planète s'attend à une modification complète du climat sur les continents restants. Les régions de la partie centrale des continents américains se retrouveront dans la zone du pôle Nord. Et cela menace de recouvrir la terre de glace et de geler la vie dans les nouvelles régions polaires. Le continent de l'Eurasie se déplace vers la latitude de l'équateur. Dans les régions sibériennes de Russie et en Alaska d'Amérique du Nord, un climat tropical est en train de s'installer. La Sibérie, le Chukotka, l'Alaska, le Nord du Canada, le Tibet forment un nouveau continent où une nouvelle Sixième Race commence son développement. Elle se développera à partir des enfants de la partie de l'humanité qui restera après de tels cataclysmes mondiaux.

Le continent africain se divise et change. Sur le continent de l'Antarctique, un nouveau cycle de vie commence.

Ces prévisions sont également établies sur la base d'informations provenant de divers contacts et des propres conclusions de l'auteur. Il fait varier les événements dans l'ordre qui lui plaît, en impliquant également sa propre logique dans l'analyse. Mais ce que l'humanité choisit, quel ensemble d'événements, dépend d'elle-même.

- - -

3. Un astrologue ésotérique d'Alma-Ata, Alexandr Shaldin fait ses prédictions en utilisant des dates exactes. Et c'est une façon assez difficile de faire des prédictions, car le plus souvent, ce sont les dates qui ne se justifient pas. La raison en est que les Supérieurs n'aiment pas rendre publics les événements futurs afin que les gens ne perturbent pas leurs plans et n'interrompent pas leurs programmes.

Voici des résumés extraits de la lettre de l'astrologue. "La Terre et l'humanité feront une transition quantique vers un nouvel état énergétique appelé l'ère du Verseau le 12 décembre 2012. L'ancien état énergétique appelé "ère des Poissons", qui a duré deux mille ans, touche à sa fin.

Un saut quantique dans un nouvel état énergétique que la Terre et l'humanité feront grâce à l'impulsion énergétique qui sera donnée le 12 décembre 2012. L'énergie de la Terre sera multipliée par trois. La Terre et les personnes vont se réchauffer. La nouvelle énergie détruira toutes les âmes qui sont imprégnées de péché et qui se sont égarées. Il en résultera une grande peste humaine et une purification rapide de la Terre de l'élite de l'humanité, car c'est en elle que se nichent la plupart des vices. Seuls les voyants seront sauvés. Les aveugles s'accrocheront à l'arche qui coule pleine de dollars.

Naturellement, avec la diffusion d'une grande énergie, les maladies les plus récentes apparaîtront également, mais elles toucheront les personnes les plus faibles. Les personnes fortes et spirituellement pures n'ont rien à craindre. La nouvelle énergie du Verseau ne les brûlera pas, mais les élèvera... En même temps, tous les infidèles et les impénitents tomberont et seront brûlés. De cette purification, la Terre recevra. Après avoir été touchés par le feu bienfaisant, les personnes fortes d'esprit seront encouragées, et elles grandiront et guideront les autres après elles. Et il y aura des disciples et des disciples de disciples. Et il en sera ainsi à partir de l'année 2013.

Ainsi, à partir de 2013, l'ère du Verseau commencera sur Terre. La population de la planète sera réduite de moitié. L'économie, la politique et l'idéologie vont changer radicalement. La plupart des oligarques, des politiciens, des idéologues vont mourir. Les anciennes religions, comme le christianisme et l'islam, deviendront progressivement une chose du passé. L'humanité passera de la voie matérialiste à une voie spirituelle de développement. Une tendance à l'unicité de l'humanité va se dessiner : une seule langue, une seule religion (le monothéisme), un seul État. Les nations et les nationalités commenceront à s'effacer dans le passé. L'humanité deviendra progressivement une seule nation. Les raisons des guerres et des conflits disparaîtront. Le problème de la mort de l'humanité en 2188 à la suite d'une guerre thermonucléaire disparaîtra ».

Ces prédictions sont faites en partie sur la base de nos informations. Mais en repoussant les prédictions générales, il tente de calculer les dates exactes de certains événements et d'apporter une spécificité à l'avenir de la cinquième race.

Nos livres de la série « Au-delà de l'inconnu » donnent de nombreuses prédictions relatives à la restructuration de la Terre. Ils indiquent non seulement les changements à venir, mais expliquent également pourquoi ils se produiront. Toutefois, le plus souvent, les gens ne s'intéressent pas aux causes des changements, mais uniquement à leurs effets. Mais nous, auteurs de «Au-delà de l'inconnu», ne nous considérons pas comme des visionnaires ou des devins. Nous indiquons dans nos livres que ces informations ne sont pas les nôtres mais qu'elles nous ont été données par les Enseignants Supérieurs de l'humanité sur la base de contacts avec eux, c'est-à-dire que nous informons de leur source.

De même, l'auteur américain de la série des livres Kryeon, Carroll Lee, a fait un certain nombre de prédictions sur l'avenir de la Terre et de l'humanité et précise qu'il ne s'agit pas de ses prédictions, mais de celles d'une Personnalité Supérieure qui est directement impliquée dans la réorganisation de la planète et qui est entrée en contact avec lui. C'est-à-dire que ses prédictions sont aussi une donnée des Enseignants Supérieurs de l'humanité. Voici quelques prédictions de cette série.

- - -

4. Kryeon indique également un certain nombre de changements qui attendent la Terre et l'humanité dans un avenir proche. Ainsi, dans son livre tome 4 " Partenaire avec le Divin", il parle des mêmes choses que les auteurs susmentionnés, mais sous une forme plus loyale, en évitant, comme nous le faisons, les détails. Il écrit :

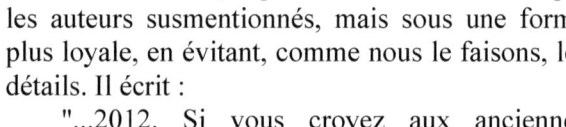

"...2012. Si vous croyez aux anciennes prophéties, c'est l'année de la fin des temps... Certains croient que cela signifie l'apocalypse de la planète, la fin. Cependant, en réalité, il n'y a que des changements importants à venir cette année... Lorsque les vibrations de l'humanité seront élevées et que les gens deviendront différents de ce qu'ils étaient sous l'ancienne énergie, lorsque la Terre elle-même commencera à vibrer à un autre niveau - votre système de coordonnées temporelles changera... C'est une permission de passer à un nouveau système de coordonnées temporelles, car les êtres vraiment éclairés ne vivent pas dans votre système. Lorsque vous élèverez votre vibration à leur niveau, votre système de coordonnées temporelles changera pour s'adapter à leur système".

C'est-à-dire qu'il informe par ses notions que notre planète passe sur une nouvelle orbite, à un niveau de développement plus élevé, à une gamme d'énergies de fréquence supérieure. Et ainsi, le temps, la structure qualitative de l'espace et ainsi de suite commenceront à changer.

Et dans L'alchimie de l'esprit humain, Kryeon écrit :

"En août, puis en décembre 1993, les scientifiques pourront voir des maîtres supérieurs arriver de l'autre côté de l'Univers pour aider à établir une nouvelle énergie sur notre planète... Les Essences-maîtresses, lorsqu'elles arrivent sur Terre, laissent leur marque. Cherchez des rayons gamma de haute intensité de courte durée et inexpliqués". Et comme le prouve l'auteur, il y a deux articles dans « Science News » pour appuyer les propos de Kryon, publié en février 1994. Elles rapportent la découverte de rayons gamma d'origine cosmique. "Ces sursauts de rayonnement font partie des phénomènes les plus mystérieux de l'Univers : personne n'a trouvé la source dont elles proviennent..."

La connaissance réelle d'une personne ne lui permet pas de comprendre de telles déclarations de l'Enseignant et de voir les images de ce qui se passe. Il est nécessaire d'élargir sa conscience et de regarder le monde à travers le prisme de nouvelles connaissances, puis le lecteur verra la confirmation de ce que Kryeon a dit dans la vie réelle.

Ces radiations dont il parle ne sont autres que des Essences-maîtresses qui sont venues sur notre Terre pour faire un certain travail. Le transport instantané dans l'espace dans leurs vaisseaux (souvent appelés "soucoupes volantes") ou dans des capsules et des fixations spéciales dans notre monde, sous forme de flashs d'énergie indiquant leur "atterrissage". C'est une sorte d'apparition au point de l'espace qui est donnée à l'appareil ou à l'Entité elle-même avant de se déplacer. Nous appelons ces mouvements la téléportation - disparaître dans un endroit et apparaître dans un autre, l'endroit souhaité.

Le satellite américain "Alexis" a enregistré une centaine de ces flashs en un court laps de temps en 1994. Normalement, les appareils ne sont capables d'enregistrer que l'énergie de départ et l'énergie d'arrivée. Et ce qui était entre les deux ne peut être capturé par aucun appareil terrestre. Mais cette téléportation a tout de même un caractère différent de la téléportation d'objets matériels, puisque des types de matière complètement différents, dite "subtile", se déplacent dans l'espace. Le principe du déplacement est donc différent ici.

Les véhicules volants et les êtres eux-mêmes restent invisibles à l'œil humain. Ils sont créés à partir d'une énergie d'un ordre supérieur à celui des humains et se trouvent dans une autre dimension et ne sont donc pas détectables à l'œil humain. On les appelle les extraterrestres invisibles. Beaucoup d'entre eux sont déjà entrés en contact avec différentes personnes, ce qui est confirmé par de nombreux témoignages et par des personnes sensibles aux énergies subtiles et qui comprennent ce qui se passe.

Certaines personnes pensent que Kryeon se trompe dans ces prédictions car elles s'attendent à ne rencontrer que des êtres-maîtres visibles et refusent obstinément de reconnaître l'existence d'êtres invisibles, de surcroît, se situant plusieurs ordres de grandeur au-dessus des personnes elles-mêmes. Cependant, il est grand temps qu'elles acceptent la réalité que les personnalités hautement développées sont des amas d'énergie avec une structure définie et une grande intelligence. Mais leur forme et leur être même sont différents de ceux des humains. Certaines caméras sont déjà capables de capter leurs radiations dans notre monde.

De cette façon, en expliquant les paroles de Kryeon, nous apprenons à comprendre à la fois le Maître lui-même et les phénomènes enregistrés par les appareils.

En parlant de 2012, Kryeon ne prédit pas l'anéantissement total de l'humanité et une catastrophe mondiale, il dit :

"Ce ne sera pas la fin du monde, mais une ère de graduation. La fin d'une période de l'histoire de la Terre et l'entrée dans de nouveaux espaces de la Galaxie, la transition de l'humanité vers une nouvelle conscience et de nouvelles façons de vivre."

Cela montre des changements dans le monde extérieur, comme nos livres nous le disent aussi. Mais le plus important pour l'homme, ce sont les changements le concernant. Ils prennent tous place dans une relation qui est soulignée par Kryeon comme une séquence d'événements, réalisée par des Êtres Supérieurs comme lui, et par nos Enseignants. Il pose donc une question, à laquelle il répond lui-même : "Pourquoi ai-je besoin de changer les paramètres physiques de la Terre pour vous changer ? La réponse est évidente : parce que la Terre est votre planète et votre partenaire. Vous parcourez tous deux la galaxie dans une union symbiotique et devez donc vous respecter mutuellement".

"Les changements dans le réseau magnétique (qu'Il effectue maintenant, depuis 1990) entraîneront des changements dans le corps physique de la planète...". Le réseau magnétique de la Terre se déplace... votre réseau est entraîné par le Soleil. Ce fait n'est pas pris au sérieux à l'heure actuelle, car il n'est pas reconnu par votre science de la Terre. Ce n'est que plus tard, lorsque vous aurez établi une communication intergalactique, que le rôle du Soleil vous apparaîtra enfin clairement...

car toutes les communications se feront par son intermédiaire, puis seront transmises au réseau (grille), et enfin aux nouveaux portails créés à cet effet.

La planète change, vous aussi. Les tremblements de terre, les changements climatiques drastiques et les éruptions volcaniques peuvent avoir une incidence directe sur les changements personnels de chacun d'entre vous ».

Les informations de notre série "Au-delà de l'inconnu" complètent ses propos et permettent de comprendre comment le changement d'une chose dans le monde entraîne le changement d'une autre. Nos informations confirment les propos du Déterminant américain, qui montre que les connaissances descendues d'en haut sont de même nature. (Bien que Kryeon soit plutôt classé pas parmi les Déterminants, mais parmi une classe de spécialistes de l'espace circumterrestre. Ils ne guident pas les disciples dans la vie, mais s'occupent de remodeler les structures subtiles de la planète).

Kryeon continue à écrire sur les personnes-conservatrices.

"Les personnes qui n'accepteront pas le changement spirituel seront encore plus en colère. Malheureusement, le taux de criminalité dans votre monde pourrait même augmenter avant que les choses ne se calment. Il s'agit d'une conséquence directe du conflit dans l'âme de ces personnes, qui se sentiront victimes du changement planétaire (sans se rendre compte qu'il s'agit précisément d'un changement planétaire) et sans espoir pour l'avenir. La réaction pourrait être une augmentation de la peur et de la colère. Une autre possibilité malheureuse... est une réduction significative de l'espérance de vie des gens (ceux qui s'accrocheront à l'ancien modèle pendant que la grille magnétique se déplace vers une nouvelle position) ».

Nous parlons également du raccourcissement de la durée de vie de l'homme dans les 500 prochaines années et donnons des explications à ce phénomène.

La raison de l'augmentation de la colère et de la criminalité est que la cinquième race finalise son programme, les meilleures âmes positives ont été retirées de la circulation (elles n'ont plus besoin de ces tests). Et les jeunes âmes restantes passent des tests, car on leur donne une dernière chance de poursuivre leur développement. Selon les derniers tests, elles seront jugées et soit les laisseront aller plus loin dans l'évolution, soit elles seront détruites, ou transférées dans le système négatif du cosmos.

La division des âmes et leur mise à l'épreuve se fait à travers des situations difficiles, afin que personne ne puisse s'échapper. D'une part, la complexité croissante de toutes sortes de relations dans la société, d'autre part, le monde regorge d'âmes inférieures et défectueuses. Il est clair qu'une telle construction de la vie sociale provoquera des explosions de colère, des situations conflictuelles, une croissance de la criminalité et, par conséquent, une augmentation de la mortalité, car de nombreuses jeunes âmes purement psychologiques ne peuvent supporter la concentration de toutes sortes de problèmes dans la vie privée.

Nous expliquons les prédictions de Kryeon ci-dessus afin d'apprendre aux gens à comprendre correctement les événements futurs. De cette façon, nous orientons la pensée dans une nouvelle direction et nous enseignons comment penser dans des catégories modernes sur la base de nouvelles connaissances.

Il convient de noter que tous les événements que ceux qui souhaitent prédire l'avenir ont une place dans le programme d'achèvement du cycle de développement de la cinquième race, mais ils sont tous dispersés dans différentes versions des voies de développement de l'humanité. Par conséquent, certaines se réalisent et d'autres non. On ne peut donc pas dire que les voyants mentent ou se trompent. Ce sont les gens qui choisissent d'autres événements, ce sont eux qui changent leur destin pour le meilleur ou pour le pire.

Mais un autre type de prédiction est nécessaire, celui qui passe par les personnes artistes et les personnes créatives.

Aujourd'hui (début 2009), il y a tellement de films catastrophes. Certains montrent une énorme météorite tombant sur une ville avec une incroyable vraisemblance, d'autres montrent une puissante vague provoquée par un tremblement de terre dans l'océan et emportant les villes côtières. D'autres décrivent également de manière réaliste des tornades et des vents d'ouragan détruisant des zones habitées, etc. Un poète (dont j'ignore malheureusement le nom de famille) a même écrit une chanson très crédible sur une éventuelle catastrophe. Il est interprété par le groupe musical "Vintage". Voici un fragment de la chanson :

"Ouvrez grand les robinets,

Je déchaîne des océans sur vous.

Je suis la Vague, la nouvelle vague !

Le pays tout entier sera sous mes ordres.
Attendez ! Bientôt pour toujours
Je vais inonder vos villes !"

Ces mots semblent très impressionnants et plausibles, car une restructuration globale de la planète a commencé, et au lieu de plusieurs continents sur la Terre, il n'y en aura plus qu'un seul à la fin du prochain millénaire.

Et de nombreux écrivains, poètes, cinéastes sont également des personnes contactées. Elles sont capables de saisir intuitivement les événements futurs qui sont inscrits dans les hologrammes de l'existence humaine de la fin de la cinquième race. C'est-à-dire, en fait, tous, dans un élan d'inspiration à haute énergie de créativité, se sont connectés à certaines variantes du programme universel et ont vu ce qui attendrait les gens s'ils choisissaient l'une ou l'autre voie de développement. Jules Verne a fantasmé sur les sous-marins (Vingt mille lieues sous les mers) et les montgolfières (Le tour du monde en 80 jours), et quelque temps plus tard, ils sont devenus une partie active de la vie des gens. Devons-nous donc décider du titre de l'écrivain : fantaisiste ou visionnaire ? (Les réalisateurs qui font des films d'horreur se connectent aux mondes inférieurs et y puisent des histoires. Mais pour l'humanité, ces mondes font déjà partie du passé sur la voie de l'évolution).

Nous-mêmes ne faisons pas de prédictions précises. Le Supérieur nous a donné des informations sur les changements globaux de la planète, du climat et de l'humanité et a indiqué les tendances de leur développement pour les deux mille prochaines années. Mais l'être humain s'intéresse toujours aux prédictions exactes, aux événements concrets. N'y a-t-il personne qui puisse les prédire ?

Il y a toujours eu des voyants et il y aura toujours des voyants. Des personnes spéciales, qui ne seront que quelques-unes, seront capables de donner des prédictions précises. Le temps du changement global passera, la vie se normalisera et prendra des formes stables et les voyants sortiront de l'ombre pour indiquer à l'homme certaines des grandes étapes de la vie. Mais en même temps, il y aura parmi les personnes de la sixième race de nombreuses personnes qui auront développé une intuition, grâce à laquelle elles pourront anticiper les événements de leur propre vie. Cette intuition les aidera à réaliser correctement leur programme et à faire le moins d'erreurs possible. Il s'agit là aussi d'une forme de prévoyance, mais elle sera pertinente pour leur propre vie. Une personne apprendra à "sentir" son propre avenir.

- - -

Quelles sont donc les nouvelles choses que nous enseignons et comment changeons-nous la conscience humaine à propos des devins et des voyants ?

Si elle avait pensé à la manière ancienne et était restée ignorante, chaque prophétie qui s'est réalisée aurait été un miracle incompréhensible pour elle. Et si la prédiction ne se réalisait pas, le voyant serait un charlatan. Aujourd'hui, nous nous rendons compte que chaque être humain, tout comme l'ensemble de l'humanité, a des programmes de vie composés de choix. Et selon ce qu'une personne choisit dans le point de contrôle du programme, cela dépendra de la réalisation ou non de la prédiction.

Une personne commence à comprendre comment les prévisions du destin se réalisent et toutes les conséquences qui en découlent. Elle commence aussi à comprendre que si quelque chose de tragique ou de mauvais lui est prédit, la personne à blâmer n'est pas le voyant, et il ne faut pas le brûler sur le bûcher pour cela, mais la personne à blâmer est son programme de vie, écrit par le Très-Haut pour lui sur la base de la loi du karma et des conditions de sa progression. Il est clair que brûler un devin ou ne pas le brûler ne changera pas les événements futurs de sa vie. Mais si elle s'efforce elle-même de passer correctement les épreuves et de résoudre correctement ses problèmes, l'avenir peut lui réserver des événements agréables.

Les nouvelles informations permettent de faire évoluer la conscience d'une personne en l'amenant à penser différemment aux phénomènes du monde. L'ignorance tombe de ses yeux comme un voile nuageux, et elle commence à voir des choses réelles au lieu des monstres qu'elle y voyait.

COMMENT FONCTIONNE LA TÉLÉPATHIE

Ces derniers temps, l'homme utilise souvent le terme "télépathie" sans en comprendre la véritable signification, ou plutôt il utilise des idées fausses sur les processus d'audition et de compréhension mutuelle par des êtres différents. Une personne reçoit par télépathie des informations de son Maître Céleste, des extraterrestres parlent par télépathie à des terriens, un scientifique lors d'une expérience essaie de transmettre par télépathie une image au destinataire, etc.

Mais sur quoi se base la télépathie ? Comment se déroule le processus ? Et comment l'humanité peut-elle surmonter la barrière de la langue ?

Tout est lié à la structure subtile de l'homme. Dans notre livre "La structure énergétique de l'homme et de la matière", nous avons décrit ses nouvelles énergoconstructions, révélant la présence de matrices de temps, de concepts, de lois, de qualités, de mots.

L'homme apprend de nombreux concepts au cours de sa vie. Il y en a cependant qui se développent davantage et d'autres qui, comme les ordures, seront retirées de la circulation au fil du temps. Il existe également de nombreux mots et concepts temporaires, qui sont également remplacés plus tard par de nouveaux, en raison de la vie dans d'autres situations. Par exemple, une hache, un arc et des flèches et une cuve d'argile ne sont plus pertinents. Ils sont remplacés par de nouveaux concepts, tels qu'une scie électrique, un fusil et un pot. Ces concepts sont en cours de renouvellement. Et tous n'existent que dans la matrice des mots humains.

Mais il y a des concepts qui possèdent une forme physique, et d'autres qui n'existent que sous la forme de déductions humaines. Toutes ces notions, qui concernent des processus éternels, sont formées dans la matrice des Notions, et les mots temporaires sont installés dans la matrice des mots, qui est retirée après qu'un être humain ait atteint un certain Niveau de développement. La matrice des mots n'est nécessaire à l'homme que pendant ses incarnations terrestres sur notre planète.

Mais dans la manifestation de la qualité de la télépathie, la matrice des Concepts (qu'on peut appeler Notions) joue un rôle primordial. Aussi étrange que cela puisse paraître, le cerveau n'est pas du tout impliqué. Il n'y a pas si longtemps, les scientifiques pensaient que les concepts et la mémoire en étaient entièrement dérivés.

La matrice des Concepts fait référence aux constructions subtiles de l'âme et est donc éternelle et indestructible. Le cerveau physique est un appareil de pensée auxiliaire temporaire, qui change de vie en vie. Elle recueille les impulsions des stimuli de l'environnement, participe aux processus de pensée en formant des images, mais tous les concepts ne sont pas placés en elle, mais dans la matrice elle-même. Et à cette fin, l'enveloppe mentale sélectionne les énergies d'une certaine gamme, laissant certaines d'entre elles entrer dans la matrice pour former le schéma conceptuel requis, et rejetant les autres comme étant de mauvaise qualité.

Mais ne nous attardons pas sur ce mécanisme très compliqué de construction de concepts dans les cellules de la matrice spécialisée. Les êtres humains n'ont pas étudié de manière approfondie leur cerveau physique, et ce qu'il faut dire des fonctions des constructions subtiles auxiliaires participant aux processus de pensée et de formation de la matrice des concepts. Essayons donc de comprendre les principaux points énoncés de manière schématique.

En télépathie, la matrice des mots peut également ne pas être utilisée si le contact est d'un niveau supérieur. La compréhension surgit immédiatement dans l'esprit de la personne sous une certaine forme holistique, et la personne la perçoit comme l'apparence d'une "connaissance", dont on ne sait pas très bien d'où elle vient. Dans ce cas, une personne comprendra quelque chose, mais ne sera pas capable de le mettre en mots, de le traduire en langage humain pour ainsi dire. Si, par exemple, des extraterrestres lui transmettent des connaissances sous forme de mots, ils utilisent alors sa matrice de mots. Et pour parler à un être humain de n'importe quelle nation, ils utilisent aussi sa matrice de la Parole (Mot) et dans celle-ci une cellule de travail, qui exprime la langue réelle de cet être humain. S'il connaît d'autres langues de ses vies antérieures, elles sont fermées. Mais les extraterrestres peuvent voir quelles cellules fonctionnent et lesquelles ne fonctionnent pas.

Puisque la matrice de notions dans la structure de l'homme, ainsi que son âme, sont préparées pour une existence éternelle, ses cellules sont construites selon les lois générales de l'univers (création). À cette fin, toutes les notions de la matrice sont formées dans une seul "langue", c'est-à-dire sous la forme de notions supérieures communes du plan énergétique. Les notions elles-mêmes devraient être universelles pour être lisibles non seulement par les âmes humaines, mais aussi par toutes les autres : les extraterrestres de différents niveaux, les Substances de la Hiérarchie de Dieu. Cependant, il ne s'agit plus de concepts figuratifs que les humains utilisent sur Terre. Il n'y a pas d'images dans la structure des cellules de la matrice humaine, car les concepts ne sont pas destinés aux mondes matériels, mais aux mondes subtils. (L'enveloppe mentale, l'anneau des impulsions et le cerveau physique travaillent avec des images).

Les âmes humaines élevées ayant une matrice de Notions significativement développée (c'est-à-dire construite en conséquence) peuvent ouvrir les facultés de la télépathie. Toutefois, une condition nécessaire pour cela est l'autorisation des Maîtres Célestes. Et Ils ne permettent la découverte de la qualité que s'il y a un but à son utilisation. Sans objectif, aucune capacité ne peut être utilisée. Elles n'utiliseront rien d'extraordinaire pour étonner et émerveiller les autres, elles essaieront de se distinguer par leurs capacités phénoménales et de s'élever au-dessus des autres. Mais attardons-nous sur un individu digne de ce nom.

Si une telle personne avec une matrice de Notions construite est autorisée par le Haut à utiliser sa qualité de télépathie, elle sera capable de lire librement les concepts énergétiques de la matrice d'un Anglais sans connaître la langue anglaise. Le Chinois peut communiquer librement par télépathie avec le Français, même sans connaître la langue, et l'Allemand peut comprendre les pensées d'un Moldave. Les pensées naissent dans la matrice des Notions. Autant pour la capacité de lire les pensées des autres.

Les personnes possédant des matrices de Notions développées seront capables non seulement de communiquer par télépathie, mais aussi de lire dans les pensées des autres. Et comme tout cela appartient aux âmes élevées, elles n'auront pas de pensées négatives à rougir. Il ne servira à rien de cacher ses pensées personnelles aux autres. Avec la perfection de l'âme humaine, la dualité disparaîtra : "Ce que la personne sobre a sur l'esprit, l'ivrogne l'a sur la langue". Une personne imparfaite pense une chose et en promet une autre. Cette dualité deviendra impraticable avec le développement, car un mensonge exprimé en mots sera immédiatement détecté par une autre personne capable de lire les pensées d'autrui.

Par exemple, des extraterrestres très évolués qui viennent sur Terre comprennent les humains sans langage parlé. Ils lisent librement dans ses pensées, ce qui étonne l'homme lui-même, bien que ce soit une faculté naturelle de l'âme en évolution. Lorsqu'ils volent vers la Terre ou vers une autre planète, ils n'étudient pas les langues des êtres qui y vivent, car ils ont une capacité unique - la télépathie. Par conséquent, les extraterrestres ici sur la Terre peuvent comprendre un représentant de n'importe quelle nation, quelle que soit la langue qu'il parle, car ils sont capables, en contournant la matrice des mots, à l'aide desquels les gens communiquent entre eux, d'utiliser directement la matrice des notions de l'homme, ses propres propriétés (capacités) universelles.

L'homme, à la fin de la sixième race, doit aussi apprendre la télépathie. Mais pour cela, il doit former la matrice des concepts de la manière requise. Alors la nécessité de la matrice des mots disparaîtra et l'homme atteindra le niveau de la communication cosmique avec les autres habitants de l'univers. Seul le développement de la matrice de Notions permettra à l'homme de se libérer de ces contraintes dans la communication avec les autres personnes, qui sont fixées par la langue. Cette matrice jouera un grand rôle dans l'avenir de l'homme. Il est artificiellement préparé pour comprendre non seulement les êtres matériels mais aussi tous les autres êtres.

En utilisant la matrice de Notions, l'âme humaine au plus haut Niveau sera capable de lire facilement les pensées non seulement d'un extraterrestre, mais aussi de n'importe quelle planète et de n'importe quel être revêtu de n'importe quelle forme, car il existe un langage conceptuel commun de l'Univers entier (Création). Et tous les êtres, par le développement, sont amenés à la construire en eux-mêmes et à la comprendre chez les autres.

Sur cette base, tous les êtres vivants sont amenés à se comprendre et tous les obstacles à la communication sont supprimés.

Il existe un langage commun de communication dans notre univers. Et chaque être spiritualisé, à l'aide du développement personnel dans son monde, est conduit à sa construction en lui-même (construction d'un langage commun de communication) et à la compréhension des autres à travers la matrice de Concepts. Elle constitue la propriété de la télépathie et de la compréhension unifiée.

Nous expliquerons également ici la manière dont la personne de contact reçoit les informations. Rappelons qu'elles proviennent de différents Niveaux. Plus l'énergopotentiel de l'âme du contacteur est élevé, plus le contacteur peut contacter un Niveau élevé dans la Hiérarchie de Dieu. Seuls les Enseignants célestes (Déterminants) et les Personnalités Supérieures s'occupant du développement de l'humanité connaissent la langue et sont donc capables d'utiliser la télépathie. Sous une forme verbale, en utilisant la matrice du mot, ils transmettent à leurs disciples des idées, des théories éventuelles, de nouvelles connaissances. Ils communiquent avec leur élève dans la langue qu'il comprend. Et par le biais de leurs ordinateurs, ils transmettent des informations en langage humain à l'élève. Les idées se présentent sous la forme de mots ou d'images. Mais ils communiquent entre eux dans leur propre monde, contrairement aux humains.

Si des Niveaux supérieurs souhaitent communiquer avec une personne qui n'a pas eu de contact direct avec eux auparavant, ils auront besoin pour cela d'une formation spéciale et de l'utilisation de certains dispositifs de transfert reliant différentes dimensions et différents Niveaux.

Aucune des Substances de la Hiérarchie de Dieu (ou du Diable) n'utilise la forme verbale de communication. Elles communiquent entre elles par des énergo-impulsions, et avec les Niveaux inférieurs de la hiérarchie, Elles communiquent au moyen de la communication qui est développée pour ces Niveaux adjacents.

Les Personnalités Supérieures des mondes de la hiérarchie de Dieu ont leur propre mode de pensée et leur façon de communiquer et de se transmettre des informations, qui n'existent pas sur Terre et ne sont pas encore compréhensibles pour l'homme. Par conséquent, pour communiquer avec les gens, elles doivent développer des dispositifs subtils spéciaux, appelés décodeurs, qui aident à traduire leur pensée et leur langage énergétique en mots compréhensibles pour les humains.

Lorsque l'information est transmise par l'homme à Elles, le décodeur, au contraire, traduit les mots humains en formes d'énergie qui leur deviennent compréhensibles. Ces dispositifs ne sont pas nombreux, car la communication des Niveaux Supérieurs avec le monde terrestre se produit très rarement, une fois tous les deux mille ans, lors du changement de civilisation ou d'époque. Ils décident des informations à donner à une personne et dans quelle mesure.

Les Enseignants Célestes n'utilisent plus la matrice du mot pour communiquer entre eux, ils ne l'ont pas. Il s'agit d'une construction temporaire, qui est nécessaire uniquement à une personne et qui est démantelée de ses constructions après le passage de son âme dans le monde supérieur.

Au premier Niveau de la hiérarchie dans les énergomondes, ils utilisent des matrices de Concepts et quelques autres constructions subtiles. Ils utilisent la télépathie et ont le pouvoir de suggestion. Mais leur télépathie est différente de celle que possèdent les êtres matériels. Les extraterrestres matériels ont un type de télépathie, tandis que les Personnalités Supérieures des énergomondes utilisent un autre type de télépathie. Mais au deuxième Niveau de la Hiérarchie de Dieu, la communication se transforme en une nouvelle forme d'interaction. Par conséquent, la communication humaine, même avec le deuxième Niveau de la hiérarchie de Dieu dans des conditions normales, et un simple désir humain - "parler aux Supérieurs" - devient impossible pour deux raisons principales.

Tout d'abord, pour être entendu par les Supérieurs, il (humain) doit envoyer une impulsion avec un énergopotentiel très élevé capable d'atteindre le deuxième Niveau. (Pourquoi certaines personnes commencent-elles à prendre contact après avoir lu nos livres ? Parce qu'elles assimilent une puissante énergie d'information, qui apporte à leur pensée en manque d'énergie de départ supplémentaire vers le Haut).

Deuxièmement, les Supérieurs doivent comprendre son langage. (Et ils ont une forme de pensée différente et une forme de communication impulsive). Et troisièmement, auront-ils quelque chose à raconter ? Les êtres vivent dans des mondes différents, ont des modes d'existence différents, ils n'auront donc pas de points de contact communs dans les concepts mêmes. L'absence de vie commune ne leur permettra pas de se comprendre. Il faut donc beaucoup de choses pour communiquer.

LA FORME DE L'ÂME APRÈS LA MORT

Posons-nous la question : quelle apparence a l'âme humaine après la mort ? Ici, sur Terre, nous nous voyons sous une certaine forme et nous pouvons nous aimer ou non. Mais comment apparaissons-nous dans le monde subtil après la mort ?

Lorsque l'âme quitte l'enveloppe matérielle, la forme de l'âme, ou plutôt son apparence, ne reste pas constante, mais change. Ce changement est influencé par le Niveau de développement de l'âme. Immédiatement après la mort, l'âme conserve la forme de la personne qu'elle était durant sa vie. Pendant un certain temps, généralement jusqu'à un an, elle conserve son aspect extérieur habituel.

Si une âme a un faible Niveau de développement, mais suffisant pour poursuivre son développement, elle commence à changer extérieurement après un an dans le nouveau monde.

Les âmes basses qui ne sont pas capables de comprendre le monde subtil et d'y travailler, et s'endorment donc. De même, par exemple, les ours de notre monde s'endorment pour l'hiver, qui ne sont pas capables de se manifester activement dans les conditions de la forêt pendant la saison froide. D'autres animaux, en revanche, sont capables de vivre parfaitement bien pendant l'hiver.

Autrement dit, l'activité de l'âme dans le monde subtil dépendra du degré de son développement et de sa capacité à participer activement à sa vie. Ces âmes peuvent être engagées dans le nettoyage de l'espace d'éléments inutiles, pour effectuer un travail primitif. Par conséquent, les âmes basses, du point de vue de leur forme extérieure, peuvent être divisées en deux types.

Les âmes qui s'endorment perdent généralement leur forme humaine très rapidement, car elles ne sont pas encore adaptées à quoi que ce soit, et encore moins capables de maintenir leur apparence sous la forme désirée.

Les âmes basses qui ont déjà eu plusieurs incarnations (jusqu'au 10ème niveau de la hiérarchie humaine), et qui ont acquis les rudiments des qualités humaines primaires, sont capables de conserver la forme sous la forme d'un corps humain jusqu'à six mois ou un an, puis, oubliant leur apparence passée, commencent à s'adapter à n'importe quoi.

Une âme basse ne possède pas encore de qualités ou de connaissances stables, de sorte que sa conception d'elle-même et du monde qui l'entoure peut souvent changer. L'âme ayant développé l'imitation, elle va d'abord se modeler sur ce qu'elle voit autour d'elle, ou sur ce qu'elle a conservé dans sa mémoire d'une vie antérieure.

Les jeunes âmes n'ont pas de concepts permanents, leur forme peut donc prendre une variété de signes extérieurs : après quelques années passées dans le monde subtil, l'âme peut ressembler à une pieuvre, une seiche, un cube, une balle, un hic, un tuyau, etc... L'âme ne peut pas se voir elle-même, car il n'y a pas de miroirs dans le monde subtil. Mais elle peut s'adapter à ce qu'elle voit. Ainsi, la forme extérieure des jeunes âmes qui ne sont pas entrées en hibernation peut changer continuellement pendant leur séjour dans le monde subtil, c'est-à-dire qu'elles peuvent changer plusieurs fois de forme extérieure pendant leur séjour dans l'autre monde.

Cependant, toutes les âmes basses sont séparées des âmes moyennes et hautes. Elles résident toutes dans certains mondes artificiels sur leurs Niveaux. Et les âmes d'un Niveau ne sont pas autorisées à passer au plan inférieur ou supérieur, ou plutôt elles ne pourront pas le faire par les seules lois physiques. Car chaque âme ne peut se situer que dans la couche qui lui correspond en termes d'énergopotentiel.

Les âmes du développement moyen sont déjà capables de conserver la forme générale du corps humain pendant tout leur séjour dans le monde subtil. Mais extérieurement, elles changent rapidement et ne ressemblent pas à la personne dont elles ont quitté le corps matériel. Leur apparence est également en constante évolution, comme, d'ailleurs, le corps humain au cours de la vie.

Les âmes élevées conservent de la même manière les caractéristiques extérieures du corps humain, mais changent de caractéristiques et de détails au fur et à mesure que chaque personne évolue au cours de sa vie sur Terre. L'apparence est influencée par les énergies que la matrice de l'âme acquiert. Plus ses énergies sont élevées, plus l'âme devient harmonieuse et belle dans sa forme extérieure.

Par conséquent, elle perd complètement sa ressemblance avec la forme humaine lorsqu'elle s'élève au premier Niveau de la Hiérarchie de Dieu.

Dans cet article, cependant, nous répondons à une question des lecteurs qui demandent « qui rencontre l'âme d'une personne récemment décédée après la mort ? ».

Les vieux concepts prétendaient qu'elle avait été rencontrée par des parents qui étaient morts avant la personne en question. Ce fait n'est pas contesté, mais nous continuons à élargir les concepts sur le sujet.

La rencontre de chaque personne est différente. Les âmes élevées, par exemple, n'ont pas besoin d'être saluées par des proches. Quand elles entrent dans l'autre monde, elles se souviennent en partie des règles de transition de l'âme du monde brut au monde subtil et des possibilités de cette existence. Elles sont accueillies par des êtres très lumineux que les gens appellent des anges. En réalité, il peut s'agir d'âmes hautement développées d'anciennes personnes, qui se développent intensivement dans la direction spirituelle et accumulent en elles-mêmes un grand volume de hautes énergies, qui leur procurent un éclat brillant. Parmi elles, il peut y avoir des anges des énergomondes. C'est d'ailleurs une autre forme d'existence de l'âme après la mort d'un homme - les lumineux des Substances-anges. Mais sous cette forme, une personnalité ne reste généralement que dans le monde subtil, aidant le Substances supérieures à travailler avec les âmes des personnes décédées. En fait, ces âmes sont attachées à travailler dans le Séparateur (autrement appelé le Distributeur).

Les âmes cosmiques ne rencontrent pas non plus leurs proches, car elles appartiennent à d'autres mondes, elles n'en ont pas besoin comme acte de réconfort. Les choses se sont probablement passées différemment dans leur monde, elles sont donc dispensées d'observer les rituels terrestres. Mais elles sont rencontrées par certaines Hautes Âmes (Substances) spécialisées dans le travail avec les âmes cosmiques, qui les séparent immédiatement de la masse générale des simples mortels et les envoient dans des compartiments spéciaux de la Répartition conçus pour les âmes des missionnaires d'autres mondes, d'où elles se rendent ensuite dans leurs systèmes cosmiques. Elles ne passent pas par le Juge et ne l'attendent pas longtemps, mais elles subissent une purification partielle.

Quant aux âmes des médecins, comme nous l'avons déjà dit dans d'autres livres, leurs âmes ne vont pas au Séparateur commun, mais vont directement au Système médical (qui est aussi le Système d'aide). Là, elles ont leur Séparateur et leur Jugement. L'accent principal dans l'évaluation de leur vie ne porte pas sur le côté quotidien de l'existence, mais sur leur activité médicale et leur développement dans cette capacité de guérison et de qualité de l'aide. Mais dans leur Séparateur, il y a une répartition des âmes en fonction de leur principale spécialisation et qualification. Les âmes des médecins sont divisées en niveaux : faible, moyen, élevé. Par la suite, elles passeront à la guérison d'autres êtres cosmiques et, pour cela, elles devront acquérir de nouvelles connaissances sur les autres états de la matière physique et sur la multiplicité de ses formes subtiles.

Mais revenons aux âmes des simples mortels. Elles peuvent être saluées à la fois par des proches qui sont morts avant elles et par des êtres lumineux. Les proches sont rarement authentiques. Le plus souvent, ce sont des hologrammes de proches. Peu d'anciens morts restent libres. Après avoir passé le Jugement, elle est distribuée dans son monde et commence à s'y améliorer. Afin que le souvenir de la vie terrestre passée ne l'empêche pas de réaliser un nouveau programme, celui-ci est souvent fermé. Une personne oublie comme par enchantement tout ce qui était avec elle auparavant et existe tranquillement dans le nouveau monde. Il est vrai que certaines âmes peuvent conserver le souvenir jusqu'à un an ou plus. Certaines âmes basses s'endorment, ce qui les empêche de rencontrer leurs proches.

Chez certaines âmes moyennes et élevées, la mémoire n'est pas bloquée, elles ne reviennent simplement pas à des souvenirs inutiles et s'améliorent consciemment dans le nouveau monde. Ces âmes oublient progressivement le plan terrestre de la même manière qu'une personne oublie sa petite enfance et son adolescence. Elle peut se souvenir de moments particuliers, mais pas de tous les jours de son existence. Et les nouvelles aspirations et les nouveaux défis qu'elle doit relever dans le nouveau monde aident l'âme à aspirer à l'avenir plutôt que de vivre sur de vieux souvenirs.

En raison du fait que de nombreuses âmes oublient leur existence terrestre et leurs anciens membres de la famille, ainsi qu'en raison de leur emploi du temps chargé, les Hautes Substances ne les distraient pas pour rencontrer les âmes des membres de la famille récemment décédés. Après tout, elles sont déjà dans d'autres mondes et revenir au Séparateur pour retrouver de vieux souvenirs leur est désagréable. D'une part, il est trop gênant pour les Supérieurs de rechercher des membres de la famille qui ont déjà été affectés à leurs mondes et de les distraire de leur travail, et d'autre part, les membres de la famille eux-mêmes ont déjà oublié beaucoup de choses et il n'est pas raisonnable de les renvoyer à des souvenirs anciens et inutiles, parfois douloureux.

À cet égard, par pure considération humaine, les Supérieurs ont eu l'idée qu'après la mort, les âmes rencontrent des hologrammes d'anciens proches. Pourquoi mentionnons-nous l'humanité ?

Après tout, une âme peut ne jamais avoir été rencontrée. Mais au moment de la mort, de nombreuses âmes sont stressées et gravement désorientées alors qu'elles s'envolent hors du corps. L'âme est accablée par le fait qu'elle s'est séparée pour toujours de son corps bien-aimé et du beau monde terrestre, elle est dans la confusion, car souvent elle ne comprend même pas ce qui lui est arrivé et comment procéder. C'est pourquoi, pour atténuer ces impressions négatives et accélérer l'adaptation de l'âme dans le nouveau monde, le Supérieur avait inventé une procédure de rencontre avec leurs proches reproduits sous forme d'hologrammes. Mais l'âme, qui comprend très peu de choses à leur sujet, croit qu'ils sont de vrais membres de la famille.

Au bout de chaque couloir-tunnel par lequel passe une âme lorsqu'elle entre dans le Distributeur, se trouve un dispositif technique permettant de produire des hologrammes. Et les données de tous les proches décédés, y compris leur apparence correspondant à leur temps sur Terre, se trouvent dans l'ordinateur du Déterminant, qui guide l'âme du disciple à travers la vie. (Toutes les âmes semblent jeunes dans l'autre monde. Il n'y a pas de personnes âgées là-bas. Et cela est dû aux propriétés de la matière subtile et à un nouveau programme de l'âme, dans lequel aucun réglage n'est mis pour le vieillissement de l'enveloppe extérieure). Ainsi, au moment où une âme quitte le tunnel vers le monde "blanc", les hologrammes de ses proches l'attendent ; ils l'accueillent avec des cris de joie, de l'amour et l'aident à accepter ce qui s'est passé comme un phénomène correct et normal.

Une fois la rencontre terminée, les Substances Supérieures emmènent l'âme du défunt dans la salle d'attente, et l'appareil reproduisant les hologrammes est éteint, et tous les proches des hologrammes disparaissent comme sa reproduction volumétrique.

LA FORME DE L'ÂME PENDANT LA VIE

Posons-nous la question : comment la forme de l'âme change-t-elle au cours des réincarnations ? Après tout, elle vient dans un corps animal et entre ensuite dans différents corps humains.

39

Les clairvoyants voient une aura lumineuse autour du corps matériel d'une personne. Certains appareils, et en particulier les « bioraméras », enregistrent la présence d'un biochamp autour de la forme externe humaine, dont la taille varie de quelques centimètres à plusieurs dizaines de mètres selon les personnes.

Une aura est créée par un large spectre d'énergies proches du monde physique, elle est donc la plus visible et détectable par les outils. L'aura est influencée par les émotions et les sentiments d'une personne, elle peut donc changer de couleur en fonction de son humeur. Mais elle sera toujours dominée par les couleurs primaires, au plus près de la personnalité. Il faut donc être capable de séparer la coloration temporaire de l'aura de ses couleurs de base. La plus grande influence sur la coloration de l'aura est exercée par l'enveloppe astrale, son remplissage.

Ce qu'une personne appelle biochamp fait référence à la dérivation totale de ses enveloppes subtiles. Tous ces éléments forment ensemble une certaine construction énergétique sur le plan subtil, qui crée un certain énergopotentiel chez l'homme et forme un champ de protection autour de lui. L'aura est la partie visible du biochamp. Mais, nous le soulignons, ce n'est qu'une petite partie qui peut être comprise par l'homme. Elle (l'aura) ne peut donc pas être considérée comme une construction distincte et indépendante.

Les constructions qui affectent directement l'apparence de l'âme sont les enveloppes temporaires. Les enveloppes permanentes (il y en a trois) ne dépendent pas dans leur configuration de la forme à laquelle elles sont associées pour la période d'incarnation. Elles seront toutes d'apparence similaire. Toute la différence entre elles sera dans leur contenu interne, c'est-à-dire les énergies accumulées qui forment les qualités d'un être ou d'une personne. La structure interne de tous les êtres dans les enveloppes permanentes sera différente, alors que la forme externe peut être identique. (Convenons que nous n'examinerons que notre monde animal et le monde humain). Elles seront également différentes en termes de couleurs.

Le noyau de l'âme elle-même, qui se compose de la matrice et de l'enveloppe protectrice, est très peu modifié, à petites doses. Comme nous l'avons dit précédemment, le noyau de l'âme elle-même a une taille de 5 à 7 centimètres de diamètre. Mais elle est abritée dans différentes enveloppes subtiles : permanentes et temporaires, qui lui donnent un volume et contiennent une structure interne particulière. Mais ce ne sont que les corps subtils et temporaires qui donnent une configuration extérieure définie à l'âme. Dans le noyau se trouve le programme d'évolution de l'âme à l'échelle universelle, qui fixe initialement son orientation de développement qualitatif destinée à placer l'âme à une certaine place dans le volume divin. Le programme de développement de l'âme pendant son séjour sur la Terre se trouve dans l'enveloppe causale.

Si nous parlons d'un concept tel que l'âme, nous parlons d'une construction constituée d'un noyau (matrice) et d'enveloppes subtiles. Mais dans des enveloppes permanentes, elle peut être envoyée pour améliorer n'importe quel endroit : vers Mars, vers Jupiter, et vers les planètes d'Orion. Mais alors les enveloppes temporaires de l'âme y seront différentes - tant à l'intérieur qu'à l'extérieur. C'est-à-dire que des enveloppes temporaires seront posées sur des enveloppes permanentes, qui par leur matériau et leur fonction seront complètement orientées pour travailler avec les énergies de ces planètes. Les fonctions et les objectifs affectent les structures internes et la configuration externe.

Rappelons que les enveloppes temporaires de l'âme pendant son séjour sur terre sont l'éthérique, l'astral et le mental. Et ce sont elles qui influencent l'apparence de l'âme humaine sur le plan subtil.

Si une âme est incarnée dans le corps d'un animal, par exemple un éléphant, son enveloppe éthérique, qui a la propriété de se conformer exactement au corps matériel, va grandir avec l'éléphant après la naissance et prendre les configurations que prend l'éléphant, jusqu'à devenir un animal adulte. Si une âme donnée est introduite dans le corps d'une souris, elle est d'abord sertie. Cela augmente le degré de sa concentration. Et l'enveloppe éthérique, qui a été réunie à ce corps de souris dès la naissance, reproduira exactement sa configuration pendant toute la période de sa croissance. En d'autres termes, l'enveloppe éthérique joue ici le rôle principal, et tous les autres corps temporaires s'y adapteront.

L'enveloppe éthérique est dotée de la capacité de s'adapter exactement au corps auquel elle est réunie et d'effectuer certains travaux pour le corps. Grosso modo, l'âme dans ce cas reste la même, tandis que l'enveloppe éthérée prendra la forme du corps dans lequel l'âme sera réincarnée. (Mais si l'on ne parle pas "grosso modo" mais précisément, on se souvient très bien que la matrice de l'âme se développe dans les cellules. Et ces cellules sont remplies au cours de la vie d'énergies de qualités. Mais en raison des exigences élevées imposées à ces qualités, ce remplissage s'effectue très lentement, par petites fractions, de sorte que le noyau lui-même prend beaucoup de temps pour changer de taille).

L'âme est le plus souvent transférée dans un corps dont la taille augmente, c'est-à-dire d'abord dans de petits animaux, puis dans de grands, et enfin dans un être humain. Mais il y a des besoins où il est nécessaire d'incarner l'âme, restant dans un grand corps, dans un corps plus petit, par exemple, du corps de la planète pour passer dans le corps humain pour les besoins du cosmos. Et ceci est accompli.

L'âme a une grande mobilité. Elle peut augmenter son volume des dizaines, voire des centaines de fois (grâce à la construction spéciale des enveloppes et aux propriétés des énergies qui les remplissent), et en même temps, elle peut se réduire à un petit pois ou même à un atome, tant sa structure subtile est flexible. En même temps, sa concentration change : lorsque son volume augmente, sa concentration diminue, elle devient plus déchargée, et lorsque son volume diminue, sa concentration augmente, elle se compacte. Et le rôle principal dans tous ces changements est joué par les enveloppes subtiles.

Par exemple, V. Zelenin, dans son livre "Au-delà du monde, l'existence et la conscience", écrit à propos de personnalités supérieures qu'il appelle "Les Verts" : "Les Verts sont situés quelque part au centre de l'univers, peuvent contrôler le temps, peuvent facilement surmonter de vastes espaces et prétendent être par nature l'Aide d'Urgence de l'Univers... Ils ont une forme de vie sur le terrain. Leur civilisation entière est constituée d'environ trois cents orbes particuliers. La particularité est que chacune de ces trois cents Entités peut changer de volume, de la taille d'une pomme au diamètre de la Terre, en fonction de la tâche à accomplir."

Toutefois, cette mobilité n'est pas infinie et présente certaines limites. Les âmes des planètes situées aux Niveaux moyen et supérieur de leur hiérarchie planétaire, ainsi que celles des étoiles de tous niveaux, ne peuvent plus être implantées dans la forme humaine, car la matière elle-même ne répond pas à la qualité du pouvoir de ces âmes. Si elles sont incarnées dans un corps humain, il sera brûlé. Ainsi, il y a certaines limites au mouvement des âmes à travers les corps matériels.

Mais revenons à l'homme.

En général, l'âme a la forme de la personne dans laquelle elle a été incarnée. L'enveloppe éthérique répète exactement sa configuration, et les autres enveloppes temporaires répètent celle de l'enveloppe éthérique. Les énergocorps permanents ont la forme d'une boule. Quant à la succession des réincarnations, où l'âme se déplace dans des corps de taille différente : petits ou grands, elle n'a pas une forme constante, mais peut varier en taille et en configuration dans une certaine mesure. Mais tous ces changements seront associés à des changements dans les énergocorps temporaires. Les permanents resteront pratiquement inchangés. Nous disons "presque" car, du fait de son évolution, les cellules des matrices augmentent, leur remplissage change, et à mesure que l'âme grandit, le nombre des enveloppes subtiles s'ajoute.

En même temps, on ne peut pas dire que l'âme soit limitée aux frontières du corps matériel humain lui-même. La structure énergétique humaine est très complexe et va au-delà de l'enveloppe physique. De nombreuses structures énergétiques se trouvent juste à l'extérieur du corps humain, par exemple, l'anneau d'impulsion et le cerveau du sexe. Par conséquent, l'enveloppe éthérique, en tant qu'enveloppe protectrice de toutes ces structures, se trouve également en dehors de toute cette configuration complexe.

Si l'on donnait au lecteur une vision plus élargie en deux ou trois dimensions supplémentaires, il ne se reconnaîtrait pas, voyant de l'extérieur un ensemble de certaines structures subtiles.

Certains clairvoyants voient des structures humaines subtiles simplifiées sous forme de cubes, de triangles, d'étoiles à cinq branches et des structures complexes ressemblant à certaines structures techniques. Bien sûr, des personnes différentes ont des structures différentes sur le plan subtil, tout est individuel.

Les structures observées par les clairvoyants appartiennent à des structures du plan éthérique et astral. Ils ne sont pas non plus capables de voir le spectre supérieur. Mais ce que leur troisième œil peut voir confirme que les enveloppes subtiles de l'homme ne sont pas seulement des sphères vides à remplir d'énergies pendant sa vie, mais qu'elles ont une certaine structure, leur partie constructive, qui est propre à l'homme. La différence dans la partie constructive peut être expliquée par la différence des objectifs de développement de l'homme dans l'incarnation donnée. Dans la prochaine vie, il aura des enveloppes éthérique et astrale de configuration complètement différente, et son apparence sur le plan subtil sera différente. Les constructions intérieures sont liées au programme de la personne. Le programme change - et les enveloppes subtiles doivent fonctionner différemment.

Nous ajouterons ici qu'il y a beaucoup de médiums, de contacteurs et de clairvoyants différents sur la Terre aujourd'hui. Ce sont des personnes qui ont un mécanisme spécial d'enveloppes temporaires qui fonctionnent selon un plan spécial des Supérieurs. Mais parfois ils doivent incarner dans les structures subtiles d'une personne des dispositifs spéciaux du plan subtil pour certains événements temporels : contacts temporaires avec des personnes, traitement temporaire de patients par des médiums extrasensoriels. Par exemple, de telles conceptions temporelles ont été utilisées par Kashpirsky et Chumak lors de leurs travaux avec de grandes masses de personnes. Lorsque la nécessité de travailler avec les masses a disparu, ces constructions leur ont été retirées.

Les contacteurs des différents Niveaux ne sont pas non plus tous les mêmes sur le plan subtil. Grâce à certains d'entre eux, qui établissent des contacts de groupe, des personnes sont testées. Et les contacteurs qui ne travaillent qu'avec leur Déterminant et, par conséquent, ont un contact de bas Niveau, ont une structure subtile complètement différente, simplifiée par rapport à un contacté de haut Niveau. Ce ne sont pas tant des informations qui sont transmises par certains contacteurs, mais plutôt une nouvelle énergie (sous forme de proclamations) qui est distribuée à ceux qui les entourent. Les tâches des contacteurs étant différentes, leur structure subtile sera également différente.

De plus, les médiums qui guérissent les gens ont une structure spéciale sur le plan subtil. Ils ne travaillent qu'avec des énergies d'un certain type, et recrutent des patients qui correspondent à l'énergie de leur type. Ils sentent leur propre peuple et ne traiteront pas ceux qui ont une forte protection ou une maladie karmique. Mais pour savoir qui ils peuvent traiter et qui ils ne peuvent pas, il faut aussi une structure subtile particulière.

Certaines personnes qui effectuent certaines missions sur Terre ont une protection puissante sur le plan subtil ; pas un seul médium ou hypnotiseur n'est capable de les influencer. Leur protection est si forte qu'elle ne peut être pénétrée par aucun regard ou coup énergétique "maléfique" d'un quelconque sorcier. C'est-à-dire que leurs enveloppes subtiles sont dotées d'une structure spéciale et d'une puissante protection énergétique.

Il faut dire que les chanteurs qui obtiennent de grands succès et deviennent prometteurs à force de persévérance ont également des dispositifs subtils spéciaux introduits dans leurs enveloppes astrales, qui permettent à l'artiste de travailler avec les énergies de tout le public. Ici, le mécanisme suivant entre en jeu : un artiste et l'énergie du public de la salle entière. C'est une charge énorme sur les enveloppes subtiles. C'est pourquoi des dispositifs spéciaux sont installés, qui créent une protection pour le chanteur et canalisent en même temps ces énergies dans des systèmes qui travaillent sur le plan terrestre avec le spectre astral des énergies. L'artiste devient un réceptacle, un dispositif de transformation des énergies.

Il donne son énergie au public par le biais du chant, des ondes sonores (qui sont envoyées au public par le professeur par l'intermédiaire de son disciple), et le public produit des émotions qui donnent un nouveau spectre d'énergies qui sont reçues par le chanteur (artiste) et transformées en sphères supérieures. Il y a une intense circulation d'énergies entre le Ciel et la Terre.

Les Supérieurs, diffusant leur énergie à travers l'artiste, la recyclent à l'aide des sentiments et des émotions des auditeurs et des spectateurs et reçoivent en retour le spectre des énergies déjà renouvelées, recyclées par les gens. Certains artistes sensibles disent eux-mêmes qu'ils ressentent l'énergie du public, qu'ils sentent quand le public entre en interaction avec le chanteur, c'est-à-dire qu'il commence à envoyer ses énergies de sentiment et d'émotion à travers son attention concentrée sur l'artiste. L'objectif de l'artiste est donc de faire travailler chaque spectateur pour lui-même. Et pour ce faire, il doit susciter des émotions chez eux, inclure leur enveloppe astrale dans le travail de transformation des énergies.

Mais une telle diffusion n'est rendue possible que par l'introduction de dispositifs spéciaux et subtils dans la conception humaine. Il convient de noter qu'ils sont très chers. Et il doit toujours travailler pour se les payer. Ainsi, lorsque, pour une raison quelconque, un artiste quitte la scène, ce dispositif est retiré de son enveloppe subtile et installé dans l'enveloppe d'une autre étoile montante de la scène. Les artistes de scène impopulaires ne reçoivent pas de tels dispositifs.

- - -

Les Supérieurs ne nous ont pas donné beaucoup d'informations sur l'âme. Mais néanmoins, c'est déjà quelque chose. C'est le début d'une nouvelle recherche en science, en médecine, pour une nouvelle compréhension par chaque être humain de lui-même et du sens de son existence. C'est pourquoi notre lecteur nous trouve de plus en plus de nouvelles questions, qui nous permettent d'élargir et d'approfondir des sujets déjà abordés.

A cet égard, répondons à un certain nombre de leurs questions relatives au thème de l'âme.

LA PESÉE DE L'ÂME APRÈS LA MORT

Certains scientifiques ont appris à peser les âmes des morts au moment de leur départ du corps matériel et de tels appareils sont apparus. Compte tenu de leurs anciennes conceptions du monde, ils tentent de

 déterminer par ces indicateurs les qualités de l'âme et son degré de spiritualité. Mais est-il possible de déterminer la spiritualité ou le niveau de développement d'une personne par une simple pesée physique de l'âme ?

En raison de l'imperfection de cette technologie de pesage, il est impossible pour les humains d'obtenir de tels relevés. Nos appareils, après tout, ne

répondent qu'au spectre brut des énergies physiques, principalement du plan éthérique, et ils sont incapables de peser d'autres matières subtiles.

Les âmes humaines ont un poids différent, comme le montrent les expériences des scientifiques : certaines pèsent 2 grammes, d'autres 6. En vertu de leurs anciennes notions, les gens pensent que plus le poids de l'âme est grand, plus une personne est spirituelle, plus son Niveau de développement est élevé. Mais c'est l'inverse. La spiritualité est une énergie subtile appartenant à une gamme très élevée d'énergies, qui n'est encore fixée par aucun appareil humain dans la pesée. (Nous ne parlons que du processus de pesée). A l'avenir, bien sûr, de tels appareils pourront être créés, mais pour l'instant ils n'existent pas.

Par conséquent, les âmes des personnes très développées spirituellement auront moins de poids, et les âmes des personnes matérielles, brutes, qui ont assimilé le spectre bas des énergies, auront toujours plus de poids. En fait, elles n'ont développé que les enveloppes éthérique et astrale, et leur spiritualité est complètement absente.

Les appareils matériels de nos scientifiques ne sont réglés que pour réagir aux fréquences brutes, c'est-à-dire qu'en fait ils ne captent et ne pèsent que l'éthérique, l'enveloppe la plus lourde, et ne détectent pas toutes les autres. Il est naturel que chez un être humain matériel, bas, ce soit cette enveloppe qui pèse le plus. Et un intellectuel spirituel avec un corps matériel faible et une enveloppe éthérique faible pèsera le moins. Mais ce n'est pas parce qu'il est un être humain vide et inutile, mais parce que nos dispositifs physiques ne sont pas parfaits et ne sont pas capables d'enregistrer le volume total de ces énergies qu'un être humain a accumulées en lui. C'est pourquoi l'âme d'une personne basse pèsera cinq grammes et celle d'une personne haute deux grammes. C'est-à-dire qu'en détectant une chose dans le monde subtil, les appareils peuvent induire en erreur sur un autre plan.

Certains appareils détectent déjà bien l'aura d'une personne et son spectre de couleurs. Mais même dans ce cas, seul le spectre physique brute est détecté, et les couleurs du spectre supérieur ne sont pas captées. Mais même dans ce cas, seul le spectre physique brut est fixe et la gamme de couleurs d'un spectre plus élevé n'est pas capturée par eux.

Bien qu'il faille noter qu'après la mort, les âmes qui partent ont une couleur différente, aucun appareil terrestre ne peut l'enregistrer jusqu'à présent. Seule une lueur plus ou moins vive accompagnant le départ de l'âme peut être détectée. Cependant, la couleur principale de l'âme n'est donnée que par les enveloppes temporaires. Lorsqu'on s'en débarrasse, l'âme se transforme simplement en un volume lumineux.

LE DÉVELOPPEMENT DE L'ÂME APRÈS LA MORT D'UNE PERSONNE

L'homme a toujours cru qu'après la mort, l'âme ne fait rien, est dans un état de repos complet : si elle est au paradis, elle est dans une oisiveté éternelle ; et si elle est en enfer, son destin est de cuire éternellement dans le même chaudron. Cependant, les Maîtres Célestes ont révélé certains des secrets du séjour de l'âme sur le plan subtil et, à ce propos, répondons aux questions suivantes.

Quel genre de travail l'âme peut-elle faire après la mort dans le monde subtil ? Et son travail dans l'autre monde est-il différent de son travail dans le monde matériel ?

Nous en avons parlé à de nombreuses reprises dans d'autres livres. Lorsque l'âme se débarrasse du corps matériel, elle n'est plus en mesure de faire toutes les choses qu'elle pouvait faire avec celui-ci. L'âme est dans un autre état subtil et il faut en tenir compte. Son enveloppe subtile  a des capacités différentes de celles du corps physique, si bien que de nombreuses fonctions connues de l'âme doivent maintenant être exécutées différemment.

Par exemple, lorsqu'elle se déplace dans le monde subtil, elle ne "marche" plus avec ses pieds, puisqu'ils sont absents, mais elle vole. Et le déplacement est accompagné du contrôle de la pensée. L'âme se déplace là où elle se dicte mentalement. De la même manière, elle remplira d'autres fonctions différemment de ce qu'elle ferait sur Terre. C'est pourquoi elle doit d'abord apprendre certaines choses.

Il est vrai que certaines fonctions lui sont imposées

automatiquement, comme le contrôle du mouvement de la pensée. Elle ne peut pas comprendre ou expliquer ce processus elle-même, mais elle l'utilise activement. Ainsi, si nous parlons de sa capacité à travailler dans de nouvelles conditions et avec une nouvelle qualité, elle le fera différemment que lors de son incarnation dans le monde matériel. L'âme fonctionnera, mais d'une manière différente. (Et donc, elle a aussi un travail différent dans le monde subtil).

L'âme doit être active, sinon toute longue période d'inactivité entraînera une perte d'expérience de vie. Et c'est la perte des composants qualitatifs dans la matrice de l'âme. La perte d'énergie des cellules de la matrice, qui se produit pendant la dégradation, signifie également la perte d'une partie de sa mémoire, car chaque cellule, avec ses constructions internes de qualité, est un gardien (conservateur) du passé.

Si l'âme ne fait rien dans le monde subtil, la période dans laquelle elle reste après la mort peut être interprétée comme une stagnation. Avec ce qu'elle est entrée dans ce plan, avec cela elle le quitte. Mais ce n'est pas économique. Certaines âmes doivent y rester pendant 300 à 500 ans. Il s'avère que cette fois, l'âme perd en vain. Pour l'évolution, il s'agit d'une perte d'énergie, car certaines ressources sont dépensées pour maintenir les âmes et l'opportunité d'être dans un autre plan est perdue.

L'âme doit continuellement travailler à son propre progrès. Par conséquent, le repos est catégoriquement contre-indiqué pour elle. L'exception à cette règle est constituée par les jeunes âmes qui entrent en hibernation. Mais elles se réincarnent rapidement, ce qui leur permet de compenser leur inactivité. Les réincarnations enrichissent leur expérience et développent leur conscience, ce qui contribue dans un avenir proche à les connecter au travail sur le plan subtil.

Si nous parlons de la différence entre le travail de l'âme sur Terre et dans le monde subtil, alors cette différence ne consiste pas seulement dans la manière dont il est effectué mais aussi dans la présence de sentiments différents. Dans les mondes subtils, l'œuvre est toujours aimée. L'âme elle-même appartient au monde subtil, elle y reste donc en harmonie avec le monde et ses lois. Le travail qui y est effectué lui apporte inspiration et satisfaction. L'âme y éprouve un véritable bonheur.

Sur Terre, elle travaille avec un spectre bas et brut d'énergies, ce qui lui répugne par sa seule nature subtile. C'est pourquoi on lui impose tout travail grossier et bas, que l'âme rejette intuitivement comme un spectre grossier et bas, non inhérent à sa nature. Comme il s'agit d'un spectre d'énergies très lourd, l'âme doit participer à un travail très dur et compliqué pour en faire la base de sa matrice. Et elle est perçue par elle comme un sentiment désagréable, comme une réticence à le faire. Mais les Êtres Supérieurs forcent l'âme à participer à ces processus qui lui sont désagréables, car Dieu a besoin d'âmes avec un tel contenu intérieur terrestre, construit sur des énergies physiques, pour un travail spécial dans sa hiérarchie.

Ainsi, les âmes partant du Niveau moyen de développement participent activement à leur perfectionnement : elles se développent sur Terre dans certaines qualités et acquièrent la connaissance du monde grossier de leur vivant et après la mort, elles s'améliorent dans d'autres qualités et rejoignent les énergomondes.

LES NOMS DANS LE MONDE SUBTIL

Nous avons longtemps cherché à savoir ce qu'un nom signifie pour une personne. Ces informations sont données dans notre série "Au-delà de l'inconnu". Par conséquent, il s'est avéré qu'à l'origine, l'homme sauvage n'avait pas de noms exprimés verbalement, car la parole est apparue plus tard que l'homme lui-même. Lorsqu'ils communiquaient entre eux, les sauvages n'avaient pas besoin de noms, ils se distinguaient visuellement, et dans le ciel, ils se distinguaient par des codes numériques.

Mais lorsque le besoin de communiquer dans le but de transmettre des informations s'est fait sentir, les Supérieurs ont créé le langage verbal. (À cette fin, au fil des siècles, il a fallu travailler sur le larynx humain, en élargissant sa capacité à reproduire une gamme croissante de sons). La parole était censée contribuer au progrès du sauvage. Elle permet à l'âme de progresser. Et la communication a donné lieu à des raisons de nommer tout le monde verbalement, afin de pouvoir comprendre de qui on parle quand on se transmet des informations. Lorsque deux personnes parlaient d'une troisième personne, elles devaient donner un nom verbal à cette personne. Ainsi, la communication a donné lieu à la raison de la création d'un nom terrestre sous forme verbale.

Mais un nom n'était pas qu'une simple expression littérale, il devait être porteur d'une signification intérieure, soulignant une caractéristique majeure d'une personne ou lui conférant un caractère particulier. Au fur et à mesure de l'évolution de l'humanité, le nom a élargi son champ sémantique, et lui a donné chaque fois un contenu différent. Les noms terrestres sont bien connus de l'homme, mais existent-ils pour une âme dans le monde subtil ?

Nous avons appris que l'âme après la mort ne reste pas inactive, mais qu'elle se perfectionne aussi, qu'elle effectue certains travaux dans l'autre monde. Elle doit également communiquer dans le monde subtil avec d'autres âmes, ce qui soulève une nouvelle question. Comment sont appelées les âmes dans l'autre monde ? Ont-ils de nouveaux noms là-bas ou continuent-ils à être appelés comme sur la Terre ?

Après la mort d'une personne, l'âme perd son nom terrestre. Ici, les âmes n'ont pas de nom, mais ont leur propre plaque numéro, qui est un code énergétique. On peut dire à notre manière terrestre que chaque âme a sa propre plaque numéro, comme les bébés dans une maternité.

Le code énergétique est un signe individuel par lequel les Supérieurs reconnaissent une âme donnée sur Terre et au-delà. Les âmes elles-mêmes se reconnaissent également par ce code dans le monde subtil. Ce code oriente l'âme vers un développement dans certains types d'énergies et la fixe dans le volume du monde vers un lieu particulier. Comme il y a toujours des Systèmes négatifs dans notre Univers et sur la Terre qui s'attaquent aux âmes et les empêchent d'évoluer dans le sens positif, ce code doit être encodé. Une personne sous-développée change le code de chiffrement une ou deux fois au cours d'une vie, tandis qu'une personne suffisamment avancée le change cinq ou six fois.

Les Substances négatives n'ont pas le droit de voler des âmes, alors elles les chassent pour leur influence négative. Elles remarqueront une faiblesse dans une âme, un vortex, et poursuivront cette personne depuis le plan subtil, imposant leurs tentations-désirs (par exemple, boire, voler, etc.) ou suggérant certaines actions délinquantes (incitation au meurtre ou au suicide). Elles trouveront une telle âme par le code. Mais parce qu'Elles voient une personne du plan subtil comme une forme lumineuse, il leur est difficile de l'identifier à partir de leurs données extérieures, toutes les personnes leur semblent identiques, alors que le code désigne exactement la personne qu'elles recherchent. Mais si le code change, il sera plus difficile pour elles de trouver la personne qu'elles recherchent.

Et de cette façon, l'âme est temporairement isolée de l'influence des entités négatives et de leurs provocations.

LES NOMS CHRÉTIENS

Lorsqu'un enfant est baptisé dans une église chrétienne par des parents donnant un nouveau nom inhabituel (par exemple Amir, Fatima), le prêtre refuse de le baptiser avec ce nom et leur proposera certainement une liste avec les anciens noms d'église. Pourquoi le prêtre agit-il de la sorte ? On pourrait dire que c'est une dogmatique qui rejette toute nouveauté. Cependant, le choix d'un nom implique un processus intérieur, qui est lié aux énergies avec lesquelles l'âme devra travailler dans sa vie future.

Les noms chrétiens de chaque nation ont été créés par les Maîtres Célestes à travers certains codes numériques exprimés par des combinaisons de lettres correspondant au spectre d'énergies avec lequel la nation travaille. Chaque nation a ses propres noms, ses propres combinaisons sonores et ses propres concepts sémantiques, mais tout est orienté vers le spectre d'énergies avec lequel elle travaille. Chaque nation a également son propre égrégore. Lorsque les noms sont prononcés, leur construction en combinaison avec les cordes vocales produit des vibrations particulières correspondant à la fréquence particulière et au type d'énergie de la nation.

L'égrégore chrétien travaille sur les énergies de certaines fréquences (mais il unit de nombreuses nations qui ont leur propre volume séparé avec le spectre d'énergies nécessaire), donc le nom de l'enfant, lorsqu'il est prononcé, produira les fréquences qui s'inscrivent dans l'échelle des fréquences disponibles de l'égrégore chrétien. Si le nom correspond à l'égrégore chrétien (comme le confirme la liste des noms de l'église), alors les vibrations produites par la prononciation du nom atteindront l'égrégore chrétien, et non l'égrégore islamique ou bouddhiste qui travaillent avec des spectres d'énergies totalement différents. Les lettres codées, leurs combinaisons font qu'une personne (par la parole, la pensée, les émotions) produit des types d'énergies spécifiques. Les textes techniques produisent une énergie, les textes littéraires une autre, les textes religieux une autre. Et ils se rassembleront tous dans des égrégores différents sans se mélanger. Chaque énergie, comme une certaine fréquence frappe strictement où sa fréquence et le type d'énergie est situé. Toutes les nations chrétiennes travaillent pour un égrégore chrétien commun. Mais dans ce commun, ils ont leurs propres départements.

Donc si un chrétien sera appelé par le nom islamique, son égrégore chrétien "n'entendra pas", car les fréquences des sons de ce nom ne lui correspondent pas par le type d'énergies. Et si, dans une église chrétienne, on demande de l'aide pour, disons, une personne malade en utilisant un nom islamique plutôt qu'un nom chrétien, le résultat sera nul. Le message ne parviendra pas au bon endroit et la personne malade ne recevra pas d'aide sous forme d'énergie supplémentaire pour se rétablir.

Mais si les parents souhaitent vraiment appeler l'enfant par un nom inhabituel qui ne correspond pas au rite chrétien du baptême, alors dans la vie de tous les jours, cet enfant peut être appelé comme on le souhaite, mais au baptême, il est nécessaire de lui donner un nom chrétien normal, de sorte que plus tard, lors de la prière pour cette personne, lorsque cela lui sera difficile ou lorsqu'elle sera malade, son nom chrétien pourra être prononcé. La demande sera alors "entendue" et une aide sera apportée à cette personne. Une énergie supplémentaire peut être donnée pour changer la situation en mieux. Le nom de l'église est également prononcé lors des mariages et des funérailles.

Chapitre 2

CE QUI EST NÉCESSAIRE POUR LE PARADIS

Toute personne rêve d'aller au paradis après la mort, c'est-à-dire dans un lieu d'existence paisible qui lui procure un bonheur total. Dans son esprit, le paradis est un endroit où il n'y a pas besoin de travailler, où il n'y a pas de situations difficiles de l'existence, où il n'y a pas de guerres et d'humiliations, pas d'insultes et de chagrins d'amour. Les problèmes et les soucis y sont absents. Promenez-vous, appréciez la beauté du monde qui vous entoure ; mangez, buvez en abondance des choses délicieuses. Une oisiveté totale accompagne toute votre existence.

Telles sont les notions primitives d'une belle vie paradisiaque.

 Mais regardons maintenant le paradis sous un angle différent. Posons-nous les questions suivantes : de quoi l'homme a-t-il besoin pour le paradis ? Que faut-il pour que le paradis existe pour toujours ? Et qu'en est-il de la stagnation, de l'évolution ?

En rêvant d'un tel paradis, l'homme se place dans la position d'un parasite (fainéant) qui ne fait rien et ne donne rien en retour, mais consomme constamment des biens. D'où viennent donc ces biens s'il ne les crée pas lui-même ? Bien sûr, il espère que le paradis sera créé pour lui par Dieu, par les Êtres Supérieurs. Ils le créeront pour lui car il a vécu dans la droiture sur Terre et a supporté avec patience toutes les épreuves qui lui ont été envoyées dans la vie. Pour tout cela, il est récompensé par une belle vie d'oisiveté.

Il vit dans un nouveau monde et il en prend constamment quelque chose, il prend ce qu'il veut pour se sentir non seulement confortable, mais aussi beau. Il prend et prend. Et d'autres prennent autant ou aussi peu qu'ils le souhaitent.

Mais tout monde, même le paradis, est limité. Il possède certains paramètres et ressources, et tout ce qu'il contient est limité et demande à être réapprovisionné. Il faut donc présumer qu'un jour le bien que les âmes y puisent s'épuisera. Le paradis cessera d'exister. Mais pour qu'il soit éternel, il faudra que quelqu'un travaille constamment pour ce monde paradisiaque : restaurer ce que les consommateurs éternels détruisent. Quelqu'un doit constamment le réapprovisionner en produits de consommation, faire pousser des pommes du paradis et d'autres denrées alimentaires pour les âmes du paradis, coudre des vêtements, inventer des divertissements. Ainsi, pour maintenir le paradis dans sa plénitude originelle, une vaste armée d'êtres invisibles du plan supérieur doit travailler pour lui, car eux seuls peuvent maintenir le monde en ordre. Il s'avère que les inférieurs se reposent et s'abrutissent dans l'oisiveté, tandis que les supérieurs travaillent dur et reconstituent constamment ce qu'ils détruisent afin de conserver le monde dans lequel ils vivent en maintenant l'image du paradis.

Cela évoque le rêve utopique de l'homme de rester oisif pour toujours et de profiter de la vie à jamais. Sinon, on parle de parasitisme pur et simple. Une personne rêve de vivre aux dépens des autres : elle sera toujours oisive et quelqu'un travaillera toujours pour elle. La belle vie aux dépens des autres. C'est du parasitisme, c'est-à-dire qu'une personne rêve réellement d'une vie éternelle de parasite. Elle se transforme en destructeur du travail des autres, car avec son activité vitale, elle détruit ce que les autres créent pour le monde céleste.

Il doit toujours savoir et se rappeler que nulle part dans l'univers entier (création), rien n'est donné gratuitement. Si une âme reçoit quelque chose de gratuit, c'est à l'avance, puis elle rembourse plus tard. Les êtres vivants créent pour eux-mêmes les conditions d'une bonne existence. Et le parasitisme en tant que destruction des fruits du travail d'autrui est considéré comme nuisible, les parasites sont détruits en tant que créatures-destructeurs, et non créateurs. Ainsi, l'homme rêve à tort de ce qui peut finalement conduire à sa destruction. Le cosmos n'a pas besoin de fainéants et de paresseux. Elle a besoin de travailleurs et de créateurs.

Au paradis, l'homme oublie une autre caractéristique de son rêve : il souhaite s'y reposer pour toujours, au repos de ses justes labeurs. Pour ne rien faire, mais pour contempler le monde sans réfléchir. Mais l'évolution ne tolère pas la stagnation du développement. Chaque existence doit apporter la perfection, le progrès, à l'âme.

La stagnation est une dégradation de l'âme. Mais si l'âme ne fait rien au paradis, elle tombera dans un état de stagnation, c'est-à-dire qu'être au paradis dans un état d'inactivité sera considéré par le Très-Haut comme étant sa dégradation. Elle n'accumulera rien, aucune qualité utile, elle n'apprendra rien, mais elle consommera gratuitement beaucoup de produits et de choses diverses pour son existence. Elle a donc une dette envers ceux qui l'ont créée. Par conséquent, un tel parasitisme conduira l'âme à accumuler des dettes karmiques et à être obligée de les rembourser plus tard. Le paradis prendra fin un jour et il faudra faire amende honorable.

La vie au paradis est la même que celle de la station balnéaire gratuite. Mais on comprend que le bâtiment du sanatorium a été construit par quelqu'un pour beaucoup d'argent, et que les vacanciers du sanatorium et le bâtiment lui-même sont servis par de nombreuses autres personnes de professions différentes. Pendant que certains se reposent, d'autres travaillent à la sueur de leur front. Il en va de même pour le paradis. Pour qu'il existe, quelqu'un doit le créer, l'entretenir constamment et s'occuper des nécessités de la vie.

Tout monde est incapable de se reconstituer à un niveau de développement donné. Il est créé, planifié, construit, puis sa transformation fait l'objet d'un suivi constant. Et qu'est-ce que cela signifie de créer le monde ? Est-ce qu'un être humain y a déjà pensé ?

C'est un travail tellement énorme, long et minutieux, qu'il s'apparente à un « travail d'enfer ». C'est au moins à peu près comparable à la construction d'un lotissement pour les gens. Tout d'abord, le projet est conçu en fonction du nombre de personnes qui y vivent. Toutes les infrastructures de communication nécessaires : eau, égouts, électricité, etc. sont prévues. Les ressources, les sources d'approvisionnement de la zone pour les périodes de temps requises sont identifiées, et toutes les connexions de ces réseaux avec les réseaux des autres quartiers sont définies. Aucun monde ne peut davantage exister de manière isolée. Il est toujours connecté à d'autres mondes d'une multitude de façons différentes. Ils doivent donc être définis avec précision par la conception et construits sur la base de la planification et du calcul.

Ensuite, le projet lui-même est créé. Et c'est aussi un énorme effort intellectuel fourni par de nombreuses équipes de personnes spécialisées dans les calculs et les constructions. Mais une fois le projet créé et contrôlé, un certain nombre de travaux préparatoires sont effectués : défrichage de la zone, préparation de la surface du terrain, équipement, matériaux nécessaires, recrutement d'ouvriers des spécialités concernées. Ensuite, la construction elle-même est réalisée dans un certain ordre, l'intensité de travail des travaux à réaliser étant répartie sur des intervalles de temps calculés.

Lorsque la charpente des bâtiments est construite, les travaux de finition commencent, puis l'aménagement paysager de la zone, l'aménagement paysager du quartier. Et tout cela est en termes généraux. Et combien tout est compliqué et long en réalité, on ne peut pas le sentir autrement qu'en prenant une part directe à ces travaux.

Il est clair que la création d'un monde, surtout d'un monde paradisiaque, est des millions de fois plus compliquée, plus difficile et nécessite l'intervention d'un très grand nombre de Personnalités Supérieures capables de calculer, de planifier, de tout reconnecter avec d'autres mondes et de faire en sorte que cela ne soit pas non rentable mais profitable. Tout ce qui est créé doit encore être rentable, même le monde. Notre monde terrestre apporte un certain profit à nos Dirigeants Célestes (sous forme d'énergie). Et chaque monde est également obligé de produire des bénéfices sous forme d'énergies pour les Personnalités Supérieures. Il n'y a pas de mondes non rentables. Si un monde devient non rentable, il est détruit ou reconstruit.

Par conséquent, le paradis doit aussi reproduire le surplus d'énergie en quantité suffisante pour couvrir les frais de sa construction et l'entretien en son sein d'une cohorte de parasites (fainéants), détruisant partiellement ce monde par leur consommation.

Mais supposons que le monde paradisiaque soit créé de manière à pouvoir reproduire lui-même la nourriture et les vêtements demandés par les êtres humains. Cela n'est possible que si le nombre de personnes ne dépasse pas une certaine valeur. Si cette valeur est dépassée, alors la consommation deviendra supérieure à la reproduction, et le monde sera menacé de destruction, d'anéantissement. La reproduction du monde est capable de fournir à un petit groupe tout ce dont il a besoin et de maintenir son existence parasitaire pendant longtemps. Mais cela soulève une autre question.

Si nous nous arrêtons à la variante où le nombre d'habitants du paradis est strictement limité et où le monde reconstitue librement ses pertes, l'être humain se transforme en un animal sans cervelle, qui peut parler, manger, boire, et ne rien faire d'autre, et par conséquent n'est pas capable de penser, de développer son intellect. La perfection de l'âme au paradis s'arrête complètement. Et ainsi, le paradis viole deux lois de l'Univers : il ne permet pas l'évolution de l'âme et, deuxièmement, il ne fournit pas d'énergie excédentaire au monde d'en haut, devenant ainsi non rentable. (Chaque monde envoie de l'énergie au monde inférieur et au monde supérieur dans une quantité prescrite. Sans cet échange, le fonctionnement hiérarchique des énergies sur les Niveaux est perturbé et donc la construction du volume de l'Univers).

Mais d'où vient l'excès d'énergie au paradis si personne n'y fait rien ? Bien sûr, elle peut être obtenue dans l'oisiveté par le tourment, la souffrance et la maladie. Mais le paradis exclut ces mécanismes de production d'énergie, c'est-à-dire qu'il se transforme en un monde absorbant éternellement les moyens créés par d'autres ; il se transforme en une sorte de trou noir pour ses Créateurs, dans lequel tout disparaît sans laisser de traces. Finalement, un tel monde commence à menacer leur propre existence, car son contenu devient non rentable, destructeur pour les créateurs eux-mêmes. Ils seront donc obligés de détruire ce paradis comme non rentable.

- - -

Tous ces détails suggèrent l'impossibilité d'avoir le paradis que l'homme a peint dans son imagination et maintenu pendant des milliers d'années.

Lorsqu'une âme entre dans le monde subtil après la mort, elle continue à travailler et à apprendre. Seules les très jeunes âmes s'endorment un moment avant une nouvelle incarnation, car elles ne sont pas encore capables d'exister dans un nouvel état, les autres continuent à travailler et à apprendre de nouvelles connaissances.

Cependant, il existe des mondes que l'on peut qualifier de paradisiaques et d'infernaux. Le premier peut se référer aux mondes supérieurs dans la hiérarchie de Dieu, le second aux mondes inférieurs subordonnés au Hiérarque négatif. Les notions de paradis et d'enfer sont basées sur ces mêmes mondes.

Les bonnes âmes sont guidées, après avoir atteint le Niveau de développement requis, vers les plans positifs de Dieu, beaux comme un conte de fées. Mais ici le principe est étonnamment similaire à celui des communistes : « de chacun selon ses capacités, à chacun selon ses besoins ». (Évidemment, c'est de là que ça vient. Les Supérieurs voulaient partager avec les gens la base de leur existence, mais les gens, comme toujours, ont tout perverti et l'ont amené au point de l'absurdité). Dans les mondes de Dieu, chacun travaille au mieux de ses capacités, et utilise ce qui est nécessaire à la vie dans ce monde. Il n'y a pas d'excédents en leur possession. Tout est partagé et utilisé pour les besoins de l'ensemble de la communauté.

Les âmes pécheresses qui viennent de la Terre vont au Diable, dans ses mondes inférieurs, qui sont eux-mêmes sombres et affreux dans leur intérieur, et d'ailleurs les rapports mêmes des êtres qui s'y trouvent sont tels qu'ils correspondent assez bien à l'enfer. Ici, des créatures en tourmentent d'autres, se moquent d'elles et tout ressemble à un enfer dans lequel les pécheurs sont tourmentés. Les analogies existent toujours. Mais dans tous les mondes, les êtres conscients travaillent, apprennent, se perfectionnent.

Les nouvelles connaissances, qui nous sont données par les Supérieurs, permettent de changer sa notion du paradis, de voir que l'homme rêve d'être un parasite, un fainéant, vivant aux dépens des autres, les plus intelligents et les plus travailleurs. La connaissance permet de regarder ses actions, ses pensées, ses aspirations d'une manière différente et de devenir clairvoyant, en apprenant à voir leurs conséquences réelles plutôt qu'imaginaires. C'est-à-dire que notre conscience évolue vers la compréhension de la vérité.

POURQUOI LES PIERRES GUÉRISSENT-ELLES ?

 Les propriétés thérapeutiques de certaines pierres sont connues de l'homme depuis longtemps. Par exemple, l'alexandrite, qui est une variété de chrysobéryl, est utile aux personnes souffrant de névroses ; elle purifie également le sang, régule la circulation sanguine et renforce les vaisseaux sanguins. L'aigue-marine soulage également les douleurs de l'estomac et du foie, atténue les maux de dents, etc. La shungite, qui ressemble à du charbon de roche, est un minéral sans équivalent pour ses propriétés curatives. Il élimine et absorbe tout ce qui nuit aux gens. Il aide à soulager les troubles rhumatismaux, l'ostéochondrose, les varices, l'asthme et renforce le système digestif.

Mais pourquoi certaines pierres guérissent-elles et d'autres pas ? Et sur quoi reposent leurs propriétés curatives ?

La composition chimique et la structure interne d'une pierre déterminent ses qualités. Mais leur structure et leur composition chimique ne sont pas arbitraires, mais sont orientées pour fonctionner avec des types d'énergies spécifiques, c'est-à-dire que leurs éléments chimiques et leur structure sont calculés par les Créateurs planétaires Supérieurs afin de fonctionner avec les énergies nécessaires. Ces pierres se forment dans les profondeurs de la planète sur la base du programme de transformation de sa matière solide.

Rien dans le cosmos n'existe pour rien. Tout est créé dans un but précis, fonctions du monde, du cosmos, et est donc conçu pour effectuer certains processus. Mais puisque le travail avec les énergies pour la Terre est la fonction principale par rapport à l'Univers et aux Systèmes Hiérarchiques Supérieurs qui s'occupent de notre planète, toutes les structures et formes d'existence sur celle-ci sont initialement orientées par la pensée d'ingénierie des Constructeurs planétaires vers le traitement des énergies de certains types.

Une pierre (par exemple l'agate) fonctionne avec le spectre énergétique "a", qui correspond, par exemple, au spectre énergétique des reins d'une personne. Une autre pierre (par exemple la turquoise) fonctionne avec le type d'énergie "b", correspondant aux énergies du foie. Une troisième pierre (cornaline) correspond au système nerveux selon les mêmes indicateurs, etc.

C'est-à-dire qu'il existe des pierres dans la nature terrestre qui fonctionnent sur le même type d'énergies que les organes humains.

Le mécanisme des effets thérapeutiques des pierres est double.

1. Certaines pierres alimentent les organes malades en énergie supplémentaire pour les aider à faire face à la maladie. Pendant la maladie, l'énergie propre de l'organe est épuisée, ce qui l'affaiblit considérablement. Par conséquent, en alimentant la pierre en énergie supplémentaire, on lui permet de mobiliser ses forces pour combattre la maladie.

2. Le deuxième mode d'effet curatif repose sur le fait que certaines pierres ne transmettent pas leur énergie à l'organe, mais éloignent au contraire l'énergie malade de celui-ci, ce qui favorise également sa guérison.

Ainsi, le traitement des organes contenant des pierres est basé sur leurs propriétés opposées. Bien qu'il existe des processus réciproques dans les pierres, certains processus (donner ou prendre) prédominent.

Notre planète participe au cycle des énergies cosmiques. Et ici, nous devons distinguer deux flux d'énergie opérant entre la Terre et les systèmes cosmiques supérieurs. Les flux eux-mêmes doivent être divisés en flux physiques et subtils. Les flux d'énergies physiques relient la Terre aux autres planètes d'énergie solaire, tandis que les flux subtils relient la Terre aux Systèmes Hiérarchiques. (Pour simplifier la compréhension des non-initiés, nous qualifions parfois ces Systèmes de cosmiques). Par conséquent, lorsque nous parlons de connexion avec les planètes matérielles, nous entendons les énergies physiques, et lorsque nous parlons des flux agissants entre les Supérieurs et la Terre (et spécifiquement, les pierres), nous entendons les énergies subtiles.

 Les pierres travaillent avec les deux types d'énergies : physique et subtile, et sont impliquées dans différents processus. Dans le cosmos, des processus réciproques sont constamment à l'œuvre : certaines énergies sont libérées vers la planète, d'autres lui sont prélevées et dirigées vers le Haut.

Ces flux opposés sont contrôlés par les Systèmes hiérarchiques Supérieurs. Toutes les fonctions de la Terre reposent sur ces processus. Par conséquent, tous les êtres vivants sont pris dans le cycle des énergies qui circulent entre notre plan matériel et le monde subtil.

Les Êtres Supérieurs envoient l'énergie du type requis à la Terre. Les pierres l'acceptent, la traitent, grâce à quoi elles progressent elles-mêmes et transfèrent l'énergie transformée à la planète.

D'autres pierres sont construites pour l'absorption, elles prennent donc l'énergie de toutes les choses matérielles, la recyclent et la transfèrent également vers le haut, vers les Systèmes hiérarchiques ou les planètes du système Solaire. Ainsi, seules certaines pierres sont alignées astrologiquement avec Jupiter, d'autres avec Mars, d'autres avec Vénus, etc. Chaque pierre fonctionne avec son propre spectre d'énergies et est donc liée à une planète spécifique du système solaire sur le plan purement technologique et, pour la même raison spectrale, ne correspond qu'à un organe spécifique.

Toute la magie du cristal se résume à travailler avec les énergies.

Si la pierre doit être utilisée pour la voyance, on utilise les cristaux les  plus purs et de la meilleure qualité, en les plaçant sur la zone du troisième œil. Cela permet de concentrer les énergies subtiles dans la zone du front, et l'énergie supplémentaire aide à voir ce qui n'est pas accessible à la vision physique normale. De même, l'améthyste et le silicium noble, lorsqu'ils sont placés entre les sourcils, aident à ouvrir temporairement le troisième œil. Ils permettent d'attirer des énergies plus élevées à cet endroit, ce qui ouvre la capacité de la personne à voir dans une gamme de fréquences différente de celle des yeux physiques.

Si l'on veut guérir un organe malade, le traitement se réduit à l'établissement d'un énergo-échange entre la pierre et l'organe malade. Leurs propriétés thérapeutiques reposent sur leur capacité à donner à l'organe malade l'énergie dont il a besoin (si la pierre n'a pas ce type d'énergie, elle n'aura aucun effet positif), ou à lui prendre l'énergie qui lui convient. Mais les pierres ne peuvent aider que dans les premiers stades de la maladie. Elles ne peuvent pas faire face à des formes avancées de maladies. C'est pourquoi elles sont bonnes pour la prévention.

Ainsi, nous avons découvert que les pierres fonctionnent selon un double mode : certaines comme un transformateur vers le bas, d'autres comme un transformateur vers le haut. Ces pierres qui reçoivent des courants (flux) d'en haut, transforment l'énergie de la gamme haute - à la gamme basse, la transmettant à la planète. Elles fonctionnent comme un transformateur décroissant. D'autres pierres, au contraire, prennent l'énergie de la Terre, c'est-à-dire de la gamme inférieure, et la transmettent vers le haut, en augmentant leur énergopotentiel lors de la transformation à l'intérieur d'elles-mêmes, et fonctionnent ainsi comme un transformateur élévateur. Tout ceci est le domaine du travail avec les énergies subtiles, que l'homme n'a pas encore appris à enregistrer avec des appareils. Il est clair que les pierres qui fonctionnent avec des énergies qui ne sont pas dans le spectre des énergies avec lesquelles une personne travaille n'auront aucun effet sur elle. Le fait qu'une pierre convienne ou non à une personne dépend de la compatibilité de leurs énergies.

Voici quelques exemples de pierres de guérison.

Des pierres simples, Des pierres simples, comme les pierres précieuses, possèdent une grande énergie qui peut influencer les gens de manière positive ou négative. Par exemple, le calcaire, le grès n'est pas seulement un matériau de construction, mais une substance qui possède une certaine structure qui leur apporte certaines qualités.

La pierre calcaire est utilisée pour protéger la maison car elle reflète la négativité. La tradition de blanchiment de l'extérieur et de l'intérieur d'une maison avec un mortier de chaux est basée sur cette propriété.

Le sable est un bon conducteur d'énergie physique, il chauffe rapidement et retient la chaleur en lui-même pendant un certain temps, ce qui permet de l'utiliser pour réchauffer les points douloureux : des sacs de sable chauffé sont placés sur la poitrine pour que les enfants se réchauffent lorsqu'ils toussent, et pour les adultes - sur le bas du dos de la sciatique.

Le **gypse de cristal** naturel est capable d'enregistrer des informations astrales, c'est-à-dire qu'il réagit à l'absorption d'énergies d'une gamme donnée. Mais le gypse ne fonctionne d'une certaine manière que lorsqu'il est une pièce entière, ayant la structure d'un cristal. S'il est moulu, il perd ses propriétés astrales.

Le marbre. Cette pierre est bonne pour absorber les déchets des gens, elle est donc utilisée comme nettoyant (purificateur).

Le basalte neutralise les querelles dans la famille car il peut neutraliser l'agressivité, la négativité.

Le silicium recharge une personne avec l'énergie du plan physique. Il est utilisé avec succès en médecine, aidant à guérir, arrêtant les processus indésirables. Il est utilisé pour les opérations dans l'astral.

Divisons les pierres en 2 types : celles qui affectent l'enveloppe matérielle d'une personne et celles qui affectent l'enveloppe subtile.

Type 1. Influencer (ou interagir avec) l'enveloppe matérielle.

L'émeraude est la pierre de Vénus, elle favorise donc l'amour et le logement. Il est utilisé pour améliorer la vue et la mémoire et peut être porté autour du cou.

Néphrite. Le Néphrite blanc prévient les maladies de l'estomac et calme le système nerveux. Le Néphrite rouge aide l'activité cardiaque. Le Néphrite gris verdâtre et gris clair aide les reins et est appliqué sur le bas du dos. (Cousu dans la ceinture pour un port constant). Le Néphrite a une capacité thermique élevée, c'est-à-dire la capacité de retenir certains types d'énergies physiques qui transportent la chaleur vers les organes malades (le bas du dos), réduisant ainsi la douleur.

Le spinelle (spinelle rouge), un parent du corindon, protège les yeux de la lumière vive du soleil. La poudre de spinelle renforce la vision et permet de voir de loin. Pris en poudre par voie orale, il favorise le fonctionnement de l'estomac.

Le quartz rose est un cristal qui aide activement le cœur à fonctionner. Il dirige l'énergie appropriée aux fréquences de cet organe vers le cœur, et l'énergie auxiliaire aide à le guérir.

L'almandin appartient à la classe des grenats et travaille avec le spectre de l'énergie physique. Il aide une personne à créer un biochamp protecteur stable et harmonise son corps matériel.

Type 2. Des pierres qui affectent les enveloppes subtiles.

Le travail avec les cristaux consiste à attirer les énergies supérieures et à influencer leurs enveloppes subtiles. Certains cristaux sont capables de remplir l'aura de lumière. Si le bien-être d'une personne commence sur le plan subtil en plaçant certaines pierres sur les chakras, les enveloppes éthérique et astrale commencent à être remplies des types d'énergies appropriés. Pendant la période de remplissage, la personne doit utiliser une respiration profonde qui permet aux énergies subtiles de pénétrer dans les systèmes de l'enveloppe matérielle. Le corps reçoit une énergie supplémentaire, ce qui contribue à améliorer le métabolisme de l'organisme. Les organes malades et affaiblis reçoivent une énergie supplémentaire pour leur rétablissement.

Le cristal de roche. Il est d'une grande importance dans la divination et la voyance, car il a la capacité de concentrer en lui-même les énergies subtiles. Et ces hautes énergies sont une impulsion supplémentaire pour activer le troisième œil et voir dans la gamme des énergies subtiles à partir desquelles sont construits les hologrammes des événements futurs de la vie d'une personne. Par conséquent, un clairvoyant voit l'avenir. Et si une voyante utilise du cristal de roche, cela renforce son intuition et elle commence à sentir les événements qu'elle essaie de voir à travers les cartes. L'intuition permet également de mieux percevoir les informations que la voyante reçoit de la part du Déterminant de la personne. Tout comme les lunettes aident à mieux voir, cette pierre améliore les qualités paranormales d'une personne.

La voyante reçoit des informations de son Déterminant au niveau de la télépathie, et comme elle en sait peu, elle croit que les pensées ou les images concernant l'interprétation des cartes lui viennent d'elles-mêmes. Cependant, c'est le cristal de roche qui l'aide à se connecter à son Déterminant et à "entendre" plus précisément les informations souhaitées de sa part, en lui fournissant une énergie supplémentaire. Les cartes ne sont que des symboles avec lesquels la voyante concentre son attention sur les événements futurs.

Le cristal de roche aide toutes les personnes créatives et les praticiens avec des énergies subtiles, car il concentre l'attention et aiguise les processus de pensée, chassant tout ce qui est faible avec ses hautes énergies, ce qui assure la clarté et la pureté de la pensée.

Le quartz transparent est très utile pour travailler avec les entités démoniaques du monde subtil, qui s'accrochent souvent à l'enveloppe astrale d'une personne et provoquent des agressions, des crises de rage. Mais c'est le guérisseur, qui travaille avec des pierres, qui doit se débarrasser des entités démoniaques. Le quartz transparent aide le guérisseur à diriger l'énergie des hautes fréquences, qui ne sont pas tolérées par les entités inférieures, vers les enveloppes subtiles. Souvent, d'autres pierres sont utilisées en conjonction avec le quartz pour renforcer l'effet d'exorcisation des entités inférieures.

Le rubis est capable d'améliorer une qualité telle que la cruauté. Si l'âme provient d'un animal agressif, alors les qualités de cruauté sont nécessairement présentes dans sa matrice. Et l'énergie du rubis, entrant en résonance avec le type d'énergie approprié dans l'âme humaine, intensifie la cruauté, la malice, et développe un tempérament colérique lorsque la pierre est constamment portée par une personne.

Toutefois, si l'âme d'une personne ne présente aucune qualité agressive, la pierre sera neutre pour la personne. En même temps, elle donne un regain d'énergie au corps, rend les forces manquantes, renforce l'esprit et le cœur. C'est-à-dire qu'elle fonctionne dans une gamme étendue avec un spectre d'énergies physiques et subtiles. C'est ainsi que fonctionnent de nombreuses pierres. Il est clair qu'elles contiennent à la fois des énergies physiques et subtiles.

Le saphir, en revanche, qui fait partie des pierres nobles, travaille avec une gamme élevée d'énergies et a donc un lien étroit avec les Systèmes hiérarchiques. Il participe activement à l'échange d'énergie des corps subtils permanents, aux activités spirituelles, il convient donc aux personnes religieuses et spirituelles, mais seulement aux personnes aimables et chastes.

Le saphir renforce les pouvoirs spirituels et aide une personne à se concentrer pendant la prière. Ses puissantes énergies positives renforcent le champ de protection d'une personne et la protègent contre la colère et la peur.

La qualité magique la plus puissante est celle du saphir étoilé. Elle concentre les types d'énergies les plus élevés de son spectre, ce qui renforce ses propriétés par rapport aux autres pierres qui se concentrent sur le même spectre d'énergies.

Mais une personne doit **éviter les pierres précieuses présentant des fissures et des imperfections**, car ces défauts perturbent la structure de la pierre et donc aussi ses fonctions normales, l'énergie agira différemment dans ces pierres et peut nuire à la personne.

Le pyrope est un type de grenat. Il alimente les gens en énergie, les aide à conserver leur énergie, leur efficacité, c'est-à-dire qu'il travaille avec les énergies de l'enveloppe physique et en même temps, dans sa gamme basse, car il est capable d'éveiller les passions chez les personnes de bas niveau. Pour la même raison que le pyrope affecte l'état émotionnel d'une personne, et c'est le travail avec l'enveloppe astrale.

La malachite a un grand pouvoir de guérison, assurant l'harmonie du corps physique. Il protège également contre la négativité. La malachite fait sortir les émotions refoulées de l'enveloppe astrale, provoquant une libération émotionnelle.

LES LIEUX DE POUVOIR

Les lieux dits de pouvoir sur Terre, ainsi que les zones favorables ou défavorables, sont basés sur la propriété des pierres à absorber l'énergie ou à la céder. Les endroits où une personne est énergisée et guérie sont les zones favorables. Il existe des énergies qui lui conviennent en qualité et qui favorisent les fonctions vitales du corps biologique. On peut dire que ces énergies sont homogènes avec l'énergie de la personne.

En raison de la structure subtile particulière de la planète, plusieurs flux d'énergie sont concentrés dans les lieux de pouvoir, de sorte que leur énergopotentiel total fournit une indication du Pouvoir d'un lieu. L'énergie sur la planète n'est pas répartie uniformément, il y a des zones faibles et des zones fortes. Mais elles sont toutes liées à la structure et aux fonctions énergétiques de la Terre.

Il existe de nombreux types d'énergies sur Terre, il est donc important de trouver celui qui se rapproche le plus de votre type d'énergie. Mais il y a des subtilités ici. Nous savons que chaque nation travaille avec une gamme différente d'énergies. Les Chinois en auront une, les Français en auront une autre, et les Anglais une troisième, et elles seront toutes différentes. Cela contribue au fait que qualitativement, sur le plan subtil, toutes les nations ne sont pas les mêmes, leurs corps et donc leurs organes fonctionnent avec une certaine différence sur le plan subtil.

Ainsi, dans les lieux de la Force (Pouvoir), où une personne sera bien ou y recevra une guérison, l'autre personne ne sera pas guérie et ne se sentira pas à l'aise. Les pierres peuvent également aider une personne et n'avoir aucun effet sur une autre.

Une personne est un individu, et cette individualité affecte chaque interaction qu'elle a avec l'environnement. Même le niveau de développement est affecté. Si on prend un individu de bas niveau et un autre de haut niveau de la même nation, ils réagiront eux aussi différemment aux lieux de Pouvoir ou à la même pierre. Il faut donc se rappeler que ce qui a aidé l'un à guérir, peut ne pas aider l'autre.

Les zones défavorables sont divisées en deux types.

Le premier type : l'énergie elle-même est de mauvaise qualité et nuisible à la santé de la personne.

Deuxième type : l'endroit est construit de manière à absorber l'énergie et à la transférer à la Terre. De tels endroits aspirent l'énergie de la personne et celle-ci ressent une détérioration de son état général.

LES RELATIONS ENTRE LES HOMMES ET FEMMES

Quelle devrait être la relation entre les femmes et les hommes dans une société progressiste ?

Selon les époques, elles ont eu des connotations (nuances) différentes, mais elles ont toujours été basées sur l'amour. S'il (amour) ne concernait que le sexe opposé, la conséquence de l'amour serait la reproduction des enfants. Mais si le sentiment est considéré à une échelle plus large, comme un amour global, le but et l'effet sont différents. Si le premier type d'amour a pour but de reproduire son propre genre, alors le but du deuxième type est d'unir d'abord toute l'humanité, puis de réunir cette âme aimante avec de nombreuses autres créatures similaires et différentes pour créer un seul organisme cosmique intégral.

Le développement de la qualité de l'amour dans l'âme humaine, d'une relation simple entre un homme et une femme à une relation complexe (entre tous les êtres vivants), s'est fait progressivement d'incarnation en incarnation au cours des millénaires. L'âme qui vient du monde animal n'est pas encore capable d'aimer. Elle considère les instincts pour ce sentiment, qui sont toujours impulsifs, donc un tel "amour" est éphémère et fugace. Cette âme aura à apprendre les sentiments élevés et les relations dans de nombreuses incarnations sous forme humaine.

Il n'est pas facile d'apprendre à aimer fidèlement, avec dévotion, d'une manière qui plaise aux Supérieurs. L'amour est une qualité d'unité dans les mondes inférieurs. Les animaux ne savent pas encore aimer, ils ont seulement le sens de l'attachement.

S'il n'y avait pas d'amour, alors toute l'humanité se transformerait en un troupeau d'individus séparés, indifférents les uns aux autres et ayant perdu l'incitation à créer, puisque l'amour inspire les artistes, les poètes et les musiciens. L'amour est la source de la créativité humaine.

Dans les mondes Supérieurs, cette qualité se développe en une force puissante qui lie tous les êtres vivants en un seul organisme. Cette qualité lui permet de fonctionner de manière cohérente, ce qui le caractérise comme un organisme sain.

Ainsi, l'amour terrestre a des perspectives de développement du particulier au général. Par conséquent, le primitif, à mesure qu'il se développe, doit se transformer en une qualité complexe, mais aussi donner vie à une nature cosmique plus puissante grâce aux forces de l'unité. Ainsi, de telles relations amoureuses familières à notre compréhension transformeront un jour inaccoutumé en conséquence de proportions grandioses qui sont inhabituelles pour nous.

Mais revenons encore une fois à notre monde terrestre au début du 21ème siècle, et donc aux origines de la formation de cette qualité. Soulignons l'essentiel. L'amour n'est pas donné à l'homme pour qu'il en retire du plaisir et de la jouissance, mais pour lui apprendre à se réunir fermement dans un lien familial avec celle qu'il aime, et à apprendre par le mariage une certaine relation avec sa partenaire.

Les joies et les plaisirs que l'on reçoit dans les liens de l'amour doivent conduire à l'essentiel : la constance dans le partenariat. Une personne de bas niveau est incapable de philosopher, de raisonner, on ne peut donc pas lui enseigner la cohérence, la fidélité, en utilisant uniquement la conscience et la compréhension du but du développement de l'âme. Et les punitions constantes peuvent provoquer la réaction inverse, en favorisant l'apparition de qualités négatives. C'est pourquoi les Supérieurs ont eu l'idée d'enseigner aux humains cette qualité, ainsi que l'amour lui-même, par le plaisir, les belles relations amoureuses, le sexe. En utilisant le mécanisme du plaisir, les Supérieurs ont atteint deux objectifs à la fois :

1. L'homme a été obligé de reproduire sa propre espèce - des enfants,

(une chaîne de reproduction d'enveloppes matérielles pour de nouvelles âmes) ;

2. La personne a appris à être liée de manière permanente à un partenaire (pour développer la qualité de la permanence et d'autres qualités positives, pour maintenir le code génétique à long terme).

 Comme les enfants naissaient grâce à ces liens, l'amour qui se répandait au sein de la famille et entre eux permettait de maintenir l'unité avec tout un groupe d'âmes de caractères différents. Ces derniers ne sont possibles que lorsque deux personnes forment une famille normale. De cette manière, la famille crée les conditions nécessaires au bon développement de la qualité de l'amour chez l'homme et la femme. Le but de la relation conjugale est d'apprendre à aimer la personne à côté de soi, celle que Dieu nous a envoyée.

Mais le lecteur peut s'indigner : quel genre de "conditions" une famille peut-elle créer si les querelles, les scandales et même les bagarres sont fréquentes. Certains maris et femmes commencent à se détester avec le temps. Mais si ce genre de relation se produit dans une famille, cela signifie que l'âme de ces personnes n'a pas encore appris à aimer. Leur amour est momentané, de courte durée et se termine immédiatement après qu'ils ont eu des rapports sexuels, après qu'ils aient pris du plaisir. Tant qu'elle n'y a pas pris plaisir, la personne, comme on dit, "se montre comme un petit démon" devant son partenaire, c'est-à-dire qu'elle essaie de le faire se sentir bien dans sa peau, de lui montrer son meilleur côté, d'inventer des choses qui peuvent le séduire. Dès que le partenaire obtient ce qu'il veut, il se désintéresse de son partenaire et commence à exiger des chemises propres, des déjeuners savoureux, une maison propre, etc. S'il n'obtient pas l'une de ces choses, il provoque des scandales.

Si cette qualité est déjà développée, c'est l'amour qui atténue les défauts de comportement entre un homme et une femme. L'amour donne naissance à la qualité de tolérance, grâce à laquelle les deux personnes concernées trouvent des solutions mutuelles (compromis) pour éliminer les différences qui surgissent. Les personnes amoureuses ne se disputent pas du tout et se mettent d'accord sur tout de manière pacifique, ou bien elles se disputent brièvement et se pardonnent rapidement les offenses de l'autre.

La cohabitation constante de deux personnes dans le mariage favorise non seulement la qualité de l'amour, mais aussi de nombreuses autres qualités positives qui l'accompagnent, telles que la tolérance l'une envers l'autre, l'attention aux besoins et aux exigences de l'autre, la sollicitude, la tendresse, le développement de la conscience, la responsabilité et d'autres qualités.

Par conséquent, lorsqu'on refuse de se marier légalement, on ne construit pas toutes ces qualités, y compris l'amour, et on commence à développer les traits de caractère opposés : égoïsme, irresponsabilité, intolérance envers les autres, etc. Chez certains conjoints, l'amour se transforme en haine, qui a ses propres qualités concomitantes. En même temps que la haine, d'autres traits de caractère négatifs commencent à se former. Il s'agit notamment de l'irritabilité, de la mauvaise humeur, de l'amertume, de la colère, etc.

Beaucoup de qualités négatives peuvent se développer dans un mariage : la tromperie, l'égoïsme, la cruauté, le désordre, l'indifférence, etc., mais c'est l'utilisation des bonnes conditions familiales pour une progression négative. Les Supérieurs donnent à l'homme la possibilité d'aller vers Dieu, mais en vertu de sa mauvaise compréhension du monde et des objectifs du Créateur, il choisit la voie négative du développement. C'est un choix purement personnel.

En d'autres termes, les objectifs de création d'une famille, qui ont été investis par les Supérieurs dans cette forme de relation, sont les meilleurs. Et ce que l'homme en fait est une perversion de la relation entre un homme et une femme, résultat de la faible compréhension qu'ont les gens de ce qui leur est donné d'En Haut. Après tout, il existe des planètes où l'on ne trouve que des êtres de même sexe qui n'ont pas de famille et où les belles relations similaires entre eux sont également absentes. L'homme a eu la possibilité d'être beau, romantique, mystérieux dans ses relations avec le sexe opposé, mais il les a transformées en relations animales ces dernières années (de 1980 jusqu'à actuellement). Ce ne sont pas les relations qui sont devenues, mais des liens courts et sales. Il s'agit d'histoires d'amour, de mariages civils et de toutes sortes de rencontres sporadiques. Ces trois types de relations sont erronés, inacceptables du point de vue du Très-Haut, et comportent soit des étapes de dégradation, soit un chemin de développement négatif.

Les mauvaises actions de l'homme provoquent toujours une perturbation des processus énergétiques et entraînent la destruction des structures subtiles et même matérielles.

La dégradation commence lorsque les âmes choisissent l'un des trois types de relations si elles ont déjà atteint un niveau de développement moyen ou élevé. Si l'un de ces trois types est choisi par les jeunes âmes, alors elles commencent à se développer dans des qualités négatives, parce que leurs cellules matricielles sont vides, il n'y a rien à détruire en elles, et les énergies négatives qui entrent en elles à partir de mauvaises relations s'y déposent, formant des qualités négatives.

Un comportement humain inadapté finit par entraîner la destruction d'une civilisation entière. Par exemple, pourquoi tant de personnes sont-elles malades aujourd'hui ? Bien sûr, les maladies sont programmées, mais pas dans les proportions qui ont englouti l'humanité à la fin du 20e et au début du 21e siècle. Presque tout le monde est malade. Et, étonnamment, le déclin moral de la société a conduit à cela.

Cela a affaibli le code génétique dans la construction humaine, entraînant une perte des défenses de l'organisme. La famille, le sexe uniquement avec les épouses est nécessaire pour garder le code génétique intact pour les millénaires à venir. Le désordre sexuel contribue à la dégénérescence du code génétique, à des troubles dans sa construction dus à la mauvaise circulation des processus d'échange d'énergie opérant entre le couple. Et finalement, son affaiblissement a conduit à un système immunitaire défaillant et, en conséquence de ces troubles, à une humanité malade et dégénérée.

Les lois, règles et normes de conduite sont des régulateurs des processus énergétiques internes. Par conséquent, la moralité est inventée non pas en raison d'un quelconque caprice des Enseignants Supérieurs, mais en raison de la création de ce mode planifié de production humaine d'énergies qui satisfont les indicateurs normatifs.

Ainsi, quel que soit le système de la société : esclavagiste, féodal, capitaliste, socialiste, les normes de comportement les Supérieurs restent inchangées. Elles indiquent la direction principale du développement, tandis que toutes les modes mesquines sont fausses (comme les séductions sexuelles actuelles, caractérisées par la phrase "il est sexy"), car elles expriment des tendances souhaitables de relations, dans lesquelles se manifestent des perversions de la compréhension des objectifs supérieurs.

Les Supérieurs fixent des règles de conduite strictes en raison de l'aspiration la plus urgente de l'homme vers le sommet de son ascension. Si lui-même (l'homme) avait été strict avec lui-même et n'avait pas dévié vers les tentations et les plaisirs inoffensifs, n'avait pas couru après les amusements et la variété des sens, il aurait atteint la perfection dix fois plus vite.

Toute manifestation de liberté est utilisée par la jeune âme dans le sens d'une déviation de l'objectif principal. Par exemple, qu'est devenue la relation entre l'homme et la femme depuis la période de perestroïka dans notre pays ? Ils ne correspondent absolument pas aux exigences Supérieures et à ce que Dieu a prévu pour la fin de l'ère des Poissons. La liberté a commencé à être comprise comme une permissivité. L'homme se précipite pour satisfaire ses bas désirs et ses vils intérêts. Le résultat est que les relations familiales ont commencé à s'effondrer de manière catastrophique. Des relations libres ont été établies entre les hommes et les femmes, personne n'est responsable de quoi que ce soit, mais chacun lutte activement pour son bonheur personnel, et par conséquent tout le monde est malheureux.

Dans toute entreprise, les relations professionnelles se transforment en relations sexuelles : chaque homme (sans parler de ses supérieurs) considère ses employées comme des amantes potentielles. Chacun cherche à voir s'il peut avoir une liaison ou au moins une petite histoire d'amour avec la nouvelle femme (ou le nouvel homme). Et si elles n'ont pas lieu, c'est uniquement parce que la personne qui veut l'amour s'avère avoir un petit salaire ou une maladie chronique.

Le regard paternel bienveillant a disparu de la circulation, car chaque employé âgé, lorsqu'il réprimande ou enseigne à la jeune génération, commence immédiatement à flirter avec elle, et l'apprentissage et l'instruction se transforment en une histoire d'amour.

Les yeux sages et intelligents des hommes âgés, qui expriment la sagesse du monde et de hautes aspirations spirituelles, ont disparu. À leur place se trouvaient les mêmes yeux sales et lascifs, aspirant une dernière fois, deux jours avant la mort, à récolter les fruits de l'amour et le plaisir d'un corps décrépit.

Les relations professionnelles sont devenues un marché de la tentation, où certains tentent, d'autres séduisent et d'autres encore jettent des regards lascifs. Les femmes viennent travailler en sweat-shirt transparent à travers lequel on voit leur soutien-gorge, et les jupes courtes laissent voir leur sous-vêtement. Les gymnastes de cirque couvrent leurs seins avec des ficelles sans éprouver la moindre honte et en étant convaincues qu'il n'y a rien de mal à cela. Mais qui leur a dit que la Juge Supérieure (Haute Cour) est annulée ? Elle se trouve devant eux. Leur génération a déjà été éduquée dans l'impudeur. La naissance d'un enfant - un sacrement et une sainteté - a été transformée en spectacle.

Aucune société qui se considère comme hautement civilisée n'a jamais connu une telle dépravation. Et si un déluge mondial devait à nouveau s'abattre sur l'humanité, sa dépravation en serait la cause.

Mais les Maîtres Supérieurs, en envoyant des tremblements de terre, des inondations, des incendies, en brûlant des agglomérations et des

bâtiments individuels, donnent ainsi un signe que l'humanité ne se comporte pas comme ils l'exigent. Mais les gens restent aveugles à ces avertissements et se jettent avec encore plus de véhémence sur toute forme de plaisir.

Mais à quoi devrait ressembler la relation entre un homme et une femme ?

Un homme et une femme doivent se rappeler qu'ils ne sont du sexe opposé que pendant la période du mariage, lorsqu'une famille se forme. Le reste du temps, ils ne doivent se considérer que comme des partenaires professionnels, comme des compagnons dans la lutte pour atteindre leur objectif. Et puis il n'y a que le mot "devoir", "obligation".

L'homme ne doit pas oublier qu'il n'a pas été envoyé sur Terre pour vivre des aventures amoureuses sans fin, pour se débaucher et assouvir ses intérêts les plus bas, mais pour apprendre de nouvelles choses, pour élever son âme, pour l'enrichir de nouvelles qualités. L'amour doit être apprécié non pas pour le corps, mais pour l'âme, dans une relation belle et sublime avec l'autre. Il l'a réduite aux seuls plaisirs physiques, ce qui lui fait retourner l'âme, et elle, la pauvre, se sent pervertie, humiliée.

L'homme a transformé l'amour en débauche, en saleté, en l'appelant une relation d'amour libre. La liberté n'est donnée qu'en choisissant un partenaire pour la vie. Et puis il doit y avoir des limitations strictes sur tout. Les personnes ne devraient pas se demander si elles ont l'air sexy (c'est une tendance honteuse de la mode qui mène à la dégradation), car cela les projette dans le domaine du travail avec des énergies basses et sales. Ce n'est pas pour rien que dans la hiérarchie du corps humain, les Créateurs ont placé les organes sexuels tout en bas du corps.

Une personne ne devrait pas réfléchir à la manière de retrouver le regard tant attendu d'un représentant du sexe opposé et de gagner la sympathie de quelqu'un ; elle ne doit pas susciter de désirs vils chez les autres et donner lieu à des pensées lubriques. Tout est soit un chemin vers la dégradation, soit un chemin vers une hiérarchie négative. Et il convient ici de réfléchir à ce que les artistes sèment avec leurs pièces de théâtre, leurs films, leurs rôles, leurs programmes de télévision et de radio, leurs livres et leurs chansons ordinaires. Si elles contribuent à la corruption des âmes en les orientant non pas vers le sublime mais vers le bas, elles seront tenues pour responsables plus que les simples mortels qui succombent à leurs tentations. L'homme a oublié le but principal de l'art. Elle se doit de diriger l'âme vers les hauteurs spirituelles, d'enseigner le sublime et le beau, et non de la conduire dans les sous-sols des plaisirs vils et de faire passer la douceur de la corruption spirituelle pour des méthodes progressives de développement moderne. L'art est un héraut qui appelle tout le monde vers les hauteurs divines. Par conséquent, il est impossible d'en faire un outil du Diable, leurrant par les plaisirs et les tentations vers son filet.

L'homme doit toujours se rappeler qu'il existe des buts plus élevés et savoir qu'un jour il quittera le monde des êtres bisexuels et ne s'incarnera plus sur Terre dans le corps d'une femme et dans le corps d'un homme. Il passera à l'existence éternelle dans le monde subtil comme un être du même sexe. Les Personnalités Supérieures ne sont pas subdivisées en sexes opposés, c'est-à-dire qu'elles sont sans sexe et ne diffèrent les unes des autres que par les niveaux de développement et les qualités de l'âme.

Ainsi, la perspective pour l'homme est de devenir une créature unisexe. Il n'y aura pas besoin d'être attiré par l'autre, pas besoin de créer une famille, pas besoin de se battre pour un partenaire, pas besoin d'intrigue, pas besoin de jalousie. Mais ce qui restera, c'est la capacité d'aimer tout le monde dans le nouveau monde ; la capacité d'interagir avec eux, de coopérer, d'aller vers un objectif commun.

Dans un contexte de perspectives aussi élevées, il devient clair que les vraies relations humaines sont sans valeur, visant à obtenir un quelconque avantage d'un partenaire, un plaisir temporaire ou à parasiter ses travaux ou ses talents.

Toute relation entre des personnes, qu'il s'agisse de femmes ou d'hommes, doit être pure, sublime, résolue d'une manière professionnelle. Dans la société, un homme et une femme ne se rencontrent pas pour faire l'amour tout le temps, mais pour travailler ensemble, pour faire progresser l'humanité au sommet de la hiérarchie terrestre. Lorsqu'un homme oublie de jouer en permanence avec l'autre, lorsque le travail devient plus important pour lui que sa relation avec le sexe opposé, il monte d'un cran. Et lorsqu'il cessera de faire une distinction entre les hommes et les femmes, ne les considérant que comme des compagnons dans la poursuite d'objectifs universels, il montera encore d'un cran.

LE CHEMIN DE LA DÉGRADATION

Le programme de développement de toute société contient de nombreuses options de développement. Certaines d'entre elles le conduisent à la prospérité, d'autres à la stagnation, à la destruction, au déclin. Mais si nous ne prenons pas toute l'humanité, mais seulement notre pays, alors si nous disons que le réveil spirituel commencera à partir de la Russie (et il a commencé depuis 2005 dans d'autres pays : nos informations sont disponibles pour l'étudier à d'autres nations et peuples), cela ne signifie pas que nous prophétisons une plus grande prospérité et un nouvel essor de la culture et de la spiritualité. La Russie a déjà dépassé le sommet de sa prospérité. C'était 70 ans de pouvoir soviétique, l'unification de nombreux États en une seule fraternité de peuples.

Et ce qui se passe lorsque le sommet est dépassé ressort clairement de l'histoire passée. (Si notre pays avait poursuivi son ascension, cela se serait traduit par une plus grande unité de tous les peuples, une croissance de l'économie, de la culture, de la spiritualité. Mais nous voyons le contraire : la séparation des peuples et la formation d'États indépendants, la destruction des industries et des grandes technologies, les crises économiques, l'aggravation des relations interethniques, etc. Et c'est la preuve que notre puissant état s'est effondré après le sommet).

L'humanité est maintenant sur la voie de la dégradation. Qu'est-ce que cela signifie ? Et cela signifie que **presque** tout ce que nous voyons autour de nous ne correspond pas au type de développement progressif de la société civilisée de la fin du 20e, début du 21e siècle, tout est le point d'ancrage qui tire la société vers la décadence et l'âme vers le bas, en essayant de la tirer vers un Système négatif.

Nous suivons les hologrammes de la **dégradation de l'humanité** et pouvons observer ce qu'ils sont et comment ils sont capables d'influencer les gens. Nous pouvons voir de nos propres yeux ce qui se passe autour  de nous et ce qui accompagne la dégradation en temps de paix. Presque toutes les nations autrefois amies se sont battues entre elles, la fraternité est oubliée, l'égoïsme, la fierté et l'ambition sont omniprésents. Partout : dans l'industrie, l'agriculture, l'art, etc. - il y a eu destruction.

Soulignons encore une fois que tout ce que l'homme observe actuellement, au début de l'ère du Verseau, autour de lui, est ce qui correspond à la voie de la dégradation sociétale.

Les populations ont reçu la liberté et s'en délectent. Il leur semble qu'ils décollent, qu'ils planent comme des oiseaux, mais une chute libre dans l'abîme (comme nous l'avons dit précédemment) donne la sensation d'un vol libre. Et ceci est la preuve du fait que l'homme a complètement perdu son orientation, ce qui le mène vers le haut et ce qui le mène vers le bas. Il pense que tout ce qu'il voit autour de lui dans la société est bon, c'est le progrès. Mais en fait, ce n'est pas seulement mauvais, c'est très grave. Il y a de la pourriture dans tout, ça ne devrait pas être comme ça.

Il est désagréable pour les Enseignants Supérieurs de voir des relations entre des êtres humains qui suintent la bassesse, la puanteur, la déchéance totale ou des éléments évidents de développement négatif. Il n'y a pas d'unité dans la famille ou dans la société ; il n'y a pas de soins élémentaires les uns pour les autres. Les personnes âgées, les enfants, les malades sont laissés à l'écart des soins de la société. La chose la plus importante - l'amour et la responsabilité envers ses semblables - est perdue. Que dire de l'amour universel, que la société était censée atteindre ? Il n'en reste que de vagues souvenirs. Si le public se fait crier dessus depuis la scène : "Je t'aime !", c'est uniquement parce qu'un tel "amour" remplit les poches des chanteurs de beaucoup d'argent. Il y a une perversion des valeurs morales et spirituelles supérieures tout autour.

Tout d'abord, la voie de la dégradation signifie l'abaissement de toutes les normes morales (comme nous l'avons vu plus haut dans l'article sur les relations entre les hommes et les femmes). Mais cela s'étend à toutes les autres relations dans la société : les enseignants cessent d'éduquer les élèves. Ils leur enseignent des connaissances mais pas un comportement correct, ils ne leur donnent pas de leçons de morale, tout est laissé au hasard. C'est pourquoi l'élève tue le professeur et le professeur extorque des cadeaux aux élèves. Les parents ont peur de laisser leurs enfants dans la rue car ils pourraient disparaître sans laisser de traces. Une simple personne dans la rue s'est avérée être complètement sans défense contre les criminels endémiques, les violations économiques, une bureaucratie prolifique et des fonctionnaires corrompus.

Le personnel qualifié a cessé d'être valorisé et, peut-être, parce que le profit est devenu l'objectif. Et donc, une personne, en tant que force de travail, devient une source d'enrichissement pour les dirigeants d'entreprises privées. La mode en ce début de 21e siècle est d'embaucher des personnes de moins de 35 ans. Tous les autres sont si vieux qu'ils sont jetés comme des déchets dans la poubelle de la vie. Mais si les personnes de plus de 35 ans ne reçoivent pas d'emploi et sont privées de moyens de subvenir à leurs besoins, elles sont alors condamnées à mort. De cette façon, ils (les dirigeants d'entreprises) détruisent artificiellement toute la population plus âgée que le critère d'âge fixé par on ne sait qui est responsable de l'extermination. D'une part, les jeunes de moins de 35 ans sont en bonne santé, pleins de force physique et d'énergie et ont beaucoup de choses à tirer d'eux. Mais d'un autre côté, leur expérience de la vie pratique est minimale.

Une personne n'acquiert une expérience professionnelle et de vie qu'à partir de 45 ans, ce qui signifie qu'elle devient un véritable spécialiste après cet âge. Une personne n'atteint la qualification maximale qu'après l'âge de 50 ans. Jusqu'à l'âge de 45 ans, toutes sortes de connaissances et d'expériences sont accumulées, et 5 années sont consacrées à fixer le matériel et à le traduire en qualités stables de subconscience.

Par conséquent, le Système négatif, mettant en avant une tendance - la recherche du profit, supprime artificiellement les personnes de plus de 35 ans de la circulation, ce qui, d'une part, ne permet pas à l'expérience d'atteindre le sommet de la qualité, et d'autre part, il sauve la société des grands professionnels. De nombreuses personnes exposées à toutes sortes de persécutions sur le lieu de travail en raison de leur âge meurent tout simplement de crises cardiaques, d'accidents vasculaires cérébraux, etc., des soucis qui n'affectent pas leur santé de la meilleure façon. La société reste décapitée, comme si tout ce qui a atteint plus ou moins la perfection restait rejeté par elle. Cela exprime la perversion des concepts de l'homme. Privée de professionnels intelligents et hautement qualifiés, la population commence à dégénérer rapidement.

La société ne s'aperçoit même pas qu'elle est gouvernée par des idéaux négatifs, pervertis, renversés de la lumière à l'obscurité, corrompant l'âme et la privant de la sobriété de la pensée. Tous ces idéaux et tendances sont imposés par le Système négatif.

Et l'idéal positif a disparu de la circulation de la société actuelle. Les idéaux spirituels élevés qui aspirent l'âme vers Dieu ont été supprimés de la vie humaine et remplacés par de sales petites aspirations au profit et la poursuite d'une gloire éphémère et de plaisirs sans lendemain.

Les chefs d'entreprise, à la recherche du profit, ne paient pas les salaires des travailleurs pendant des mois, par misère d'esprit, croyant qu'eux et leurs familles peuvent se nourrir d'air et que les vêtements qu'ils portent sont éternels et non soumis à l'usure. Leurs esprits commencent à travailler dans une seule direction - le profit et le gain. Un simple membre de la société est privé de travail, mais continue d'être tenu de payer régulièrement un appartement et les services publics, et en présence de dettes artificiellement créées de cette manière, en raison de l'incapacité de payer, il a la possibilité d'expulser les locataires insolvables de leurs appartements, les revendant pour dettes. Une personne est privée de tout ce qui compte le plus : un emploi, un lieu de vie, le droit à des soins de santé gratuits et la possibilité d'une éducation gratuite.

C'est-à-dire que la société a déformé les normes et les règles d'existence des personnes qui la composent. Une personne qui tente de se protéger ou de protéger les autres de la lie de la société est transformée en criminel et emprisonnée pendant de nombreuses années pour s'être défendue au-delà des normes acceptables, tandis qu'un criminel qui subit un retour de bâton est transformé en victime qui est défendue par un avocat.

Les ordres, l'honneur, la conscience et l'amour sont en vente. La corruption se chiffre en milliards. On ne parle que d'argent, de vodka et de sexe. Tous ces éléments sont des éléments de la dégradation de la société. Quelqu'un s'est-il demandé pourquoi il y a des crises économiques et pourquoi l'industrie et l'agriculture sont toujours à l'arrêt ? La cause de toutes les crises est l'incompétence de ceux qui gèrent la production et l'économie et leur immense cupidité. Ils purgent et vident les poches des travailleurs, en augmentant sans cesse les prix de leurs produits, de leurs services et, de même, en diminuant sans cesse les salaires de leurs employés par l'inflation monétaire. La cupidité, le désir de faire des profits de plus en plus importants, les empêche de s'arrêter à temps.

L'immoralité des relations industrielles est rapidement transférée à toutes les sphères de l'activité de la vie humaine.

Tout ce qui est élevé dans le domaine de l'art sur la voie de la dégradation est passé de mode, car les hautes énergies de tout génie et de toute perfection ne font pas le poids face aux basses énergies de la chute. Par conséquent, les humoristes talentueux, afin de rester dans une strate donnée de la société, sont obligés de dégénérer, se transformant en vulgaires pathétiques, dont toutes les pensées et les blagues ne dépassent pas la ceinture, se concentrant uniquement sur le sexe. On pourrait penser que l'homme ne fait rien d'autre dans la vie. Mais cela montre aussi la misère de leur moralité, le manque de qualités morales stables dans leur âme, capables de résister à l'infériorité et de préserver ce qu'ils ont déjà acquis.

Les personnalités créatives tentent de suivre l'air du temps et de rester dans le courant de la mode, prenant l'instantané comme la principale chose qu'elles doivent représenter, et oubliant les idéaux plus élevés. La voie de la dégradation limite leurs intérêts à la faible perception des masses : si la haute création ne sera pas comprise par elles (les masses), pourquoi les créer. Créez une image basse, mais compréhensible pour les autres. En conséquence, la personne créative est prise dans le filet de l'incapacité à s'élever au-dessus de l'opinion de la foule, n'ayant faim que pour les petits plaisirs.

La littérature est rare, car seul ce que la majorité de la population peut comprendre est publié. Par conséquent, seuls les romans policiers primitifs, les textes d'amour mêlés de sexe et les films d'action sont populaires. Toutes les autres choses ne sont pas acceptées par les éditeurs parce qu'elles ne sont pas commercialisables. Les éditeurs, qui devraient éduquer les masses et élever les esprits et les rêves de la jeune génération aux niveaux les plus élevés, sont guidés par les intérêts vils de la foule à la recherche du profit, de l'argent, de cottages et de Mercedes, et impriment des choses viles et vulgaires, contribuant ainsi à la dégradation rapide de la génération. N'est-ce pas une perversion des objectifs supérieurs lorsque tout ce qui devrait élever les âmes est transformé en un mécanisme pour leur déchéance et leur dégradation ?

Les belles voix d'opéra ont disparu de la scène des concerts ordinaires, remplacées par des solistes aux voix rauques ou grinçantes (c'est-à-dire que le plus haut niveau de musique a été remplacé par le plus bas). Les scènes sont inondées de chanteurs à la voix faible et à l'ouïe défaillante, incapables de reproduire ne serait-ce que des chansons populaires, sans parler des airs d'opéra. Les ténors faibles, que l'on ne devrait entendre que dans la cuisine, chantent devant des publics immenses, et les voix aiguës, capables de reproduire tous les opéras de Mozart, doivent végéter à l'arrière-plan, sans être réclamées, parce que les voix inférieures n'ont pas encore atteint le stade d'être désirables. Mais sans les entendre, elles n'atteindront jamais leurs sommets. Et ce sont précisément ces voix qui devraient pousser les jeunes âmes vers les sommets de l'art, en les guidant correctement non pas vers une conquête rapide de la gloire et des tas d'argent, mais vers la culture des capacités musicales comme les véritables hautes qualités de l'âme.

Bien sûr, il faut que les jeunes doivent ouvrir la voie et qu'il faut leur donner la possibilité de se réaliser, mais pas sur les scènes à l'échelle nationale. Et il ne faut pas les appeler des étoiles, ils ont au moins cinq vies pour les atteindre. C'est-à-dire que les vraies étoiles sont jetées à terre et que celles qui n'ont pas grandi sont mis sur un piédestal grâce au culte de l'argent.

Les ténors modestes qui se pressent sur la scène ressemblent au hurlement des chats dans une nuit de mars. Les voix des solistes interprètes se ressemblent comme deux gouttes d'eau. Ils sont réunis en quatuors, quatre personnes chantent une note d'une seule voix, bien que le but du quatuor soit de démontrer un accord polyphonique, la capacité de chanter une même note de manière différente, mais consonante. Les ténors sont toujours populaires, mais les basses, les barytons, les sopranos ont disparu de la circulation, non pas parce que les appareils vocaux des gens sont devenus différemment construits, mais parce que quelqu'un maintient la mode pour les seuls rudiments primitifs des capacités artistiques humaines.

Mais il s'agit d'énumérations générales des étapes de dégradation de la société. Nous en avons parlé dans nos autres livres et nous ne faisons ici que le rappeler afin d'aller au fond des choses. En d'autres termes, nous soulignons que ces distorsions se produisent dans la vie de la société uniquement parce qu'elle se dégrade. Et seuls les idéaux les plus bas peuvent se trouver au bas de l'échelle ; les idéaux les plus élevés ne peuvent être maintenus dans les couches inférieures. Avec la dégradation, toutes les couches hautes positives sont détruites.

Examinons maintenant les subtilités individuelles qui accompagnent ces étapes et accélèrent la dégradation des générations. Essayons de voir comment les mauvaises actions provoquent la régression de strates entières de la société, et en particulier des jeunes âmes qui ne sont pas encore capables de comprendre ce qui est bon et ce qui est mauvais, ce qui est élevé et ce qui est bas, et donc tout ce qu'elles voient et entendent est pris pour argent comptant et comme un exemple à suivre.

L'OPINION DU PUBLIC (le jugement du public)

Suivre le mauvais goût, c'est contribuer à sa propre déchéance et à celle de la société. Expliquons cette affirmation.

Depuis peu, on observe une tendance à la télévision et directement dans les auditoriums à donner la possibilité de juger les artistes à la masse des spectateurs. À première vue, ce n'est pas une mauvaise idée : impliquer le public dans l'œuvre, lui donner l'occasion d'avoir l'impression de décider du sort de quelqu'un et, en même temps, lui donner l'occasion de comparer et d'évaluer. Mais avec quoi finissons-nous (en supposant que nous soyons sur la voie de la dégradation de la société, nous nous en souvenons tout le temps) ?

 La plupart des téléspectateurs sont des personnes qui n'ont pas ce genre de talent (nous ne compterons pas les rares), mais ils cherchent des idéaux à imiter. Le plus souvent, il s'agit de jeunes âmes qui viennent de commencer leur évolution dans le corps humain. Elles ne peuvent rien faire, elles ne sont capables de rien ; leurs cellules matricielles sont vides. Elles ne connaissent rien aux œuvres ou à l'art, elles commencent juste à aimer quelque chose.

Et une personne qui se produit sur scène est déjà marquée par Dieu, puisqu'elle a du talent et se trouve généralement à un niveau de développement plus élevé que la population. Il s'avère donc qu'une telle population analphabète a la possibilité de juger des personnes plus élevées, plus talentueuses, plus délicates de caractère et plus sensibles.

Chaque auditeur, spectateur sera impressionné par ce qui correspond aux énergies de son Niveau de développement. Il sera en résonance avec des basses fréquences similaires et les hautes fréquences plus belles et progressives le repousseront, voire le supprimeront avec leur énergopotentiel plus puissant. C'est de la physique pure. On le sait depuis longtemps : les semblables attirent les semblables. Par conséquent, la masse des âmes basses sera attirée par ce qui lui correspond, c'est-à-dire qu'elle choisira le plus bas, la plus basse qualité.

Pour la raison indiquée, la population juge toujours mal. Leur évaluation peut être injuste, offensante (pour ceux qu'elle juge). La population satisfait ses goûts non formés et, par conséquent, bas et souvent vicieux, ses opinions fausses et ses perceptions erronées de quelque chose. Et comment l'inférieur peut-il juger le supérieur ? Comment un élève de première année peut-il juger un élève de huitième année dans des concours de mathématiques ou de littérature s'il est un zéro absolu dans ce domaine. Elle (population) commencera à les juger non pas en fonction de la connaissance réelle, mais en fonction d'une norme basse qui lui est propre, un point de référence, et rien de plus.

Prenons des solistes dans les concours de chant. Ici, les interprètes sont des personnes dont l'âme a déjà réussi à développer cette qualité par rapport à eux-mêmes (aux auditeurs). Les interprètes (orateurs) ont déjà développé une oreille musicale, la capacité de reproduire exactement la mélodie qu'ils ont entendue ; ils ont déjà acquis une certaine culture musicale et ont développé leurs qualités au cours d'au moins quatre ou cinq vies (car il est très difficile et donc lent de développer une qualité initiale).

Et ils sont jugés par ceux qui n'ont même pas formé les bases de cette qualité et qui, par conséquent, n'ont pas d'ouïe et sont incapables de répéter correctement une mélodie jusqu'au bout ou même un verset. Dans leur évaluation des autres, ces auditeurs seront guidés par leurs goûts personnels non formés, par leurs basses aspirations de l'âme ou par l'imitation des autres.

Les foules choisissent toujours ce qui est le plus proche d'elles, c'est-à-dire ce qui est le plus mauvais et le plus bas sur l'échelle de l'évolution. Par conséquent, si une foule (et de faibles juges) donne en permanence l'occasion de juger et de choisir dans l'art, la société tombera très rapidement dans la fosse de la dégradation, où elle sera détruite comme incapable de progresser. La base spirituelle de la société se transformera en ruines, car tout ce qui avait été formé par les âmes élevées pendant des siècles, toute la strate culturelle, qui se construisait hiérarchiquement selon les lois de l'Univers, s'élevant constamment dans les qualités jusqu'au sommet de la perfection absolue de l'âme, sera détruit

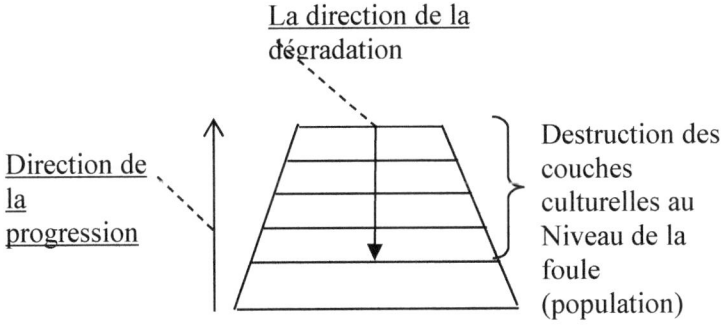

Hiérarchie du développement de la culture d'une société

Fig. 2

instantanément par la convoitise de la foule. Et elle (la foule) détruit cette couche culturelle jusqu'au niveau où elle se trouve elle-même (Fig. 2).

Le processus opposé à l'unité - la destruction - est la dégradation de la société. Mais généralement, elle ne remarque pas comment elle revient du haut vers le bas.

Lorsqu'on donne à la foule le droit de juger, elle détruit tous ceux qui se situent au-dessus d'elle et, par conséquent, elle détruit les idéaux supérieurs et les points de référence auxquels elle devrait elle-même aspirer au cours de son développement. En perdant les points de référence supérieurs, elle commence à se dégrader encore plus, ne sachant pas où s'efforcer et pourquoi. Il est impossible de s'élever vers l'absolu en s'orientant uniquement sur les Niveaux inférieurs. L'âme va toujours dévier ou s'arrêter au même endroit.

De plus, en fixant ses propres critères bas, la foule coupe la voie de l'ascension vers le haut pour les âmes moyennes et hautes. D'une part, elles deviennent elles-mêmes non réclamées, non désirées par quiconque. Elles restent démodées, et n'ont donc rien d'autre à faire que de perfectionner leurs programmes sans rien apprendre de nouveau. Les idéaux supérieurs qui peuvent enseigner à tout niveau ont disparu de la circulation, de sorte que les âmes moyennes et hautes ne savent tout simplement pas vers quoi tendre.

De cette manière, elles se coupent, pour ainsi dire, des hauteurs auxquelles elles devraient s'élever. Et comme la plupart ont développé un sens de l'imitation, beaucoup d'âmes moyennes se mettent à imiter les inférieures, ce qui se produit aujourd'hui : les bons humoristes s'abaissent à des sujets vulgaires, les écrivains dignes d'écrire des classiques écrivent des romans policiers bon marché, etc. Tout est fait pour l'argent et la gloire. Et l'âme ne reçoit rien de nouveau. Elle ne progresse pas, car des énergies inférieures à cette qualité qui assurent sa progression sont générées. Toutes les énergies produites par cette créativité, qui sont insuffisantes pour la perfection de l'âme, ne passent pas dans les énergocorps permanents de la personnalité en développement, mais sont déposées dans des enveloppes temporaires et sont ensuite éliminées avec elles après la mort de la personne.

Il ne faut pas oublier que les processus créatifs sont lents et de très haute qualité, donc tout ce qui ne répond pas à cette qualité sera retiré de la structure subtile de l'être humain avec les enveloppes temporaires, il ne pourra pas être utilisé comme matériau de construction pour la matrice.

Le maintien (constant) à un même niveau de développement correspond également à une dégradation, même s'il n'y a pas de destruction réelle dans les cellules de la matrice. Mais puisqu'une personne dépense l'énergie allouée à la progression sur des processus qui ne donnent pas le résultat requis pour avancer, alors, par conséquent, elle se dégrade. C'est-à-dire que la dégradation ne comprend pas seulement la destruction des qualités construites à l'intérieur de l'âme, mais aussi des périodes de stagnation. Et dans l'incarnation suivante, une personne devra dépenser les énergies qu'elle a dépensées non pas pour progresser, mais pour stagner.

Mais comment peut-il l'éviter ? Si le chanteur ne sait pas lui-même quelles chansons il doit chanter pour sa propre perfection, mais qu'il commence à enseigner ce qu'il peut à une âme inférieure, il progressera lui-même dans la nouvelle qualité d'enseignement et sauvera une autre âme de la chute. Dans ce cas, il évitera sa propre dégradation et aidera celui qui est à côté de lui. C'est là que se cachent les nuances du développement.

Si les Niveaux moyens ne comprennent pas quelles actions mènent vers le bas et quelles actions mènent vers le haut, les Niveaux inférieurs ne le savent pas et encore moins. Par conséquent, ils participent activement aux processus de dégradation. Les processus de destruction sont rapides. Et une génération après l'autre descend, plongeant toute la société dans une nouvelle dégradation. Mais lorsqu'ils atteignent un certain point, ils sont stoppés artificiellement d'en Haut par des inondations, des tremblements de terre, des ouragans, ou par la peste à travers des maladies : peste, choléra, sida, etc.

Pour éviter que cela ne se produise, il est nécessaire de comprendre quelles actions humaines dans la société conduisent au sommet de l'absolu et lesquelles conduisent au bas de l'absolu.

Tout type de jugement est tout aussi responsable que le jugement dans le système judiciaire. Les juges doivent être hautement spécialisés dans leur domaine. En d'autres termes, ils doivent avoir un Niveau de développement supérieur de plusieurs ordres de grandeur à celui des personnes qu'ils jugent ; sinon, là encore, les opinions et les goûts bas s'insinuent dans l'évaluation, et cela conduit à un abaissement des repères, des idéaux de la société, qui sont placés au sommet de la hiérarchie humaine du développement et auxquels la foule doit s'élever.

Les juges doivent toujours se rappeler que leur travail est très exigeant. Lorsqu'ils choisissent et jugent quelqu'un lors de concours ou d'autres événements, ils choisissent avant tout l'idéal auquel des millions de jeunes âmes inexpérimentées devront plus tard aspirer. Par conséquent, si leur choix, leur évaluation s'avérait erronée, combien d'âmes seraient égarées par un faux idéal, combien seraient dégradées parmi elles ! Ce sont eux, les juges, qui seront plus tard blâmés pour le fait que ces âmes, dégradées par leur faute à cause de leur égarement, connaîtront le tourment de la conscience et la souffrance au Dernier Jugement après la mort de l'homme et dans les incarnations suivantes. Par leur faute, ils devront passer par les désagréables accusations du Jugement et l'agonie de la purification des mauvaises énergies au purgatoire. L'homme ne peut même pas imaginer les conséquences négatives qui l'attendent après avoir dévié de la bonne voie du développement. Les conséquences de tels jugements pour de nombreuses âmes peuvent donc également être terribles.

Les juges eux-mêmes doivent se tenir au sommet de la pyramide sur laquelle les autres se précipitent. Ils ne doivent pas se plier aux désirs momentanés de la foule, à ses goûts mesquins et souvent sales. C'est pourquoi, dans l'art, la littérature, la culture, ce n'est pas ce qui satisfait le plus les goûts et les intérêts de la partie inférieure de la population qui doit être transmis aux masses, mais ce qui donne la possibilité d'améliorer tous les niveaux de la société, de s'élever l'un après l'autre vers les absolus des idéaux les plus élevés de l'humanité.

Chapitre 3

LE CHANGEMENT DE COMPRÉHENSION DE VIEILLES VÉRITÉS

TRAVAILLER POUR DE L'ARGENT

Nous disons que tout travail doit être rémunéré. Du travail, mais pas de bonnes actions. Il arrive qu'une personne entende une vérité et commence à l'étendre à absolument tout, ce qui entraîne une confusion, des contradictions et la perte de la foi en cette vérité.

La raison en est une approche frivole de la compréhension des nouvelles connaissances. Le monde est à multiniveaux, et l'application de la vérité à chaque Niveau est différente. Par exemple, tout en étant vraie pour le premier Niveau, la vérité devient fausse pour le troisième Niveau. De plus, chaque monde est aussi divisé en opposés : positif et négatif, et tout cela apporte ses propres caractéristiques au travail de vérité.

Prenez, par exemple, une phrase telle que "Tout doit être payé". Cette vérité est perçue comme une demande d'argent pour absolument tout. Et c'est vrai, mais pas toujours et pas en tout. Si une personne utilise le

travail d'une autre sans payer, elle développe d'une part une qualité de parasitisme, un désir de vivre aux dépens des autres. D'autre part, des qualités personnelles secondaires telles que la cupidité, l'avarice, la calculativité, l'égoïsme, le mépris du travail d'autrui, le manque de respect pour les activités d'autrui, etc. commencent à se développer en tant que dérivés de

cette action (le non-paiement). Cela promeut l'homme dans une direction négative, c'est-à-dire que lorsque l'homme refuse de payer pour le travail des autres, il prend le chemin qui le mène dans le système du Diable.

La plupart du temps, il le fait sans le savoir, sans réfléchir aux conséquences et sans se rendre compte de ce que cela peut entraîner à long terme. C'est pourquoi tout entrepreneur qui fait appel à une main-d'œuvre salariée doit être décent et honnête quant au paiement de la main-d'œuvre d'autrui s'il ne veut pas avoir des résultats négatifs par la suite.

Il existe toujours certaines normes qui expriment le rapport entre l'énergie qu'une personne investit et la quantité d'argent qu'elle reçoit en échange. Dans la période actuelle de développement humain, tous ces corrélations sont rompues (violées). Et l'absence de moralité, d'éthique dans la société et l'accent mis sur les biens matériels conduisent à une distorsion complète du processus d'interaction entre les personnes, entre le fait d'investir son travail dans une cause et d'être payé pour cela. Bien sûr, il y a eu quelque chose de semblable dans un passé lointain, mais cela correspondait au faible développement général de l'humanité. A ce stade de l'existence, elle a avancé dans le temps de 2000 ans depuis l'avènement du Christ et devrait être tout à fait différente dans sa compréhension de la vie. Mais l'humanité a pris beaucoup de retard dans certains concepts et s'est engagée sur la voie de la dégradation.

Notre monde est un monde bas car il y a des violations dans toutes les relations humaines. L'homme n'a pas encore appris à interagir correctement et ne sera donc pas transféré dans le monde Supérieur tant qu'il n'aura pas appris à le faire conformément aux Lois de l'Univers d'interaction. Si un individu construit correctement ses relations, il entrera dans un Système positif, si toutes ses relations avec les autres sont basées sur la tromperie et le vol des autres, alors il tombera dans un Système négatif.

L'argent a une propriété magique que l'on ignore - il est capable de transformer une âme positive en une âme négative. Et c'est précisément la division des gens entre celles qui serviront Dieu et celles qui devront servir le Diable pour toujours.

Il suffit qu'une bonne personne de bien acquière une somme d'argent importante pour qu'elle change immédiatement : des centaines de vices (défauts) commencent à se glisser dans sa personnalité autrefois positive. Et si nous comparons ce qu'une personne était lorsqu'elle n'avait pas ou peu d'argent et ce qu'elle est devenue après une forte augmentation de son montant, la différence sera immédiatement visible à l'œil nu. L'homme timide et indécis se transforme en activiste arrogant et décidé ; la tolérance et le respect des autres disparaissent ; la confiance en soi émerge et le manque de scrupules apparaissent. Il commence à violer les règles morales les unes après les autres : sa femme ne devient plus son unique partenaire, ses enfants l'objet de ses soins éternels ; il est attiré par les restaurants, les saunas, les salons de massage, les casinos et les maisons de jeu plutôt que par les dîners à la maison dans le cercle familial.

Tout ceci est la conséquence de la formation, par beaucoup d'argent, de qualités au sein de la matrice correspondant à des énergies négatives. Ainsi, dans les violations et la recherche d'avantages, **une personne transforme l'énergie négative d'une grande quantité d'argent en qualités négatives de son âme.** Bien sûr, cela se produit individuellement avec chaque personne, et les qualités générées seront différentes, mais elles seront toutes liées à des violations de la morale et de l'éthique divines. C'est pourquoi la Bible dit : "Il est plus facile pour un chameau de passer par le trou d'une aiguille que pour un riche d'entrer dans le royaume de Dieu.

C'est-à-dire que, sur la base de l'énergie de l'argent, on accumule dans les cellules de la matrice des qualités telles qu'elles deviennent incompatibles avec la possibilité d'exister dans la hiérarchie divine. L'argent noircit l'âme. Et le noir ne peut pas être placé dans le monde de la lumière. Cependant, selon les Supérieurs, "le boom de la richesse va brusquement se calmer, tout comme il est apparu brusquement une fois. Et une fois encore, les valeurs de l'homme commenceront à changer.

Mais ceux qui contrôlent déjà leurs actions et sont conscients de ce qui se passe dans le monde essaient de ne pas se noyer dans la boue, mais de se diriger vers la rive du salut. Ils sentent avec leur âme comment traiter l'argent pour qu'il ne les asservisse pas.

L'argent gagné honnêtement, qui assure le développement progressif de l'homme et de sa famille, ne noircit pas l'âme, mais l'aide à s'améliorer en qualités acceptables par Dieu. Si une personne dépense l'argent qu'elle a gagné pour développer certaines capacités chez elle ou chez ses enfants ou pour aider les autres (charité), elle transforme ainsi les énergies négatives en énergies positives (elle donne l'argent négatif aux autres en guise de paiement et acquiert en retour des qualités positives : conscience, sens du devoir, attention aux autres, etc.) et avance ainsi dans la direction divine.

Mais concentrons-nous sur une autre nuance liée à la rémunération. Nous avons appris que les gens doivent être payés pour leur travail. Mais qu'en est-il de la rémunération des actes de bonté individuels ? Faut-il les rémunérer ou non ?

Peut-on et doit-on payer pour faire une bonne action ? Si une jeune personne aide un ami à réussir un examen, le sauve de la toxicomanie ; si une personne en sauve une autre de la famine, aide à réparer une voiture qui tombe en panne sur la route - comment faire ? Faut-il payer pour de tels actes d'assistance ? Bien sûr, une personne peut payer avec de l'argent pour le bien d'autrui, mais n'oublions pas qu'il existe un karma, c'est-à-dire un mécanisme précis de cause à effet dans le destin de chaque personne.

Sur la base de celle-ci, elle peut être récompensée pour le bien qu'elle a reçu sous la forme d'actes d'aide réciproques de la part d'autres personnes, et même pas nécessairement de la même âme. Elle peut recevoir une récompense similaire dans la vie présente ou dans la suivante. Mais nous ne sommes pas intéressés par la question du karma, mais par celle du paiement des bonnes actions. Nous allons donc écarter toute la négativité sous la forme du karma en tant que punition, et nous concentrer sur la récompense des bonnes actions. Il existe une croyance selon laquelle l'argent et les autres paiements matériels ne peuvent pas être pris pour de bonnes actions. Essayons de comprendre pourquoi on ne peut pas, c'est-à-dire posons une question précise : pourquoi ne peut-on pas prendre de l'argent pour le bien ?

L'argent est toujours l'équivalent du paiement de quelque chose.

Si une personne a travaillé et investi une certaine quantité d'énergie personnelle dans son travail, elle devrait recevoir un équivalent sous forme d'argent en proportion de cette énergie investie, et tout cela est logique ici. Mais peut-il prendre de l'argent pour des situations ou des événements qui profitent à quelqu'un de quelque manière que ce soit ?

Par exemple, une personne sauve quelqu'un de la mort, sort un alpiniste d'une crevasse ou sauve quelqu'un des harceleurs. Elle peut aider quelqu'un à apprendre un métier, puis exiger de l'argent pour ce métier au fil du temps. Et elle peut aider une personne trébuchant à sortir du procès en témoignant qu'elle est innocente.

Si le sauveur prend de l'argent pour le bien qu'il fait, il rembourse automatiquement la même quantité de bien et d'aide qui lui sera apportée à l'avenir, principalement dans les vies suivantes. C'est la dépendance karmique normale qui consiste à gagner des qualités positives ou négatives dans la matrice de l'âme. S'il refuse d'être payé pour le bien, sa matrice acquiert des énergies positives et, dans le futur (ou la prochaine incarnation), il recevra une aide positive similaire de la part de quelqu'un dans une situation différente.

Par conséquent, si une personne fait une bonne action, qu'elle la fait d'abord de manière désintéressée et qu'ensuite elle change d'avis et souhaite recevoir de l'argent, elle doit se rappeler qu'en faisant cela, elle renonce à quelque chose de bien dans la prochaine vie ou même dans la vie actuelle. L'argent neutralise un rendement positif, le rend neutre.

Sur le plan subtil, l'argent est un transducteur d'énergie très puissant qui n'existe que dans le monde matériel. Il fonctionne à l'énergoniveau, en modifiant le karma d'une personne de manière positive ou négative.

Il y a maintenant beaucoup de livres dans la littérature qui vous apprennent comment gagner beaucoup d'argent. A quoi servent-ils ? Pour ensuite acheter beaucoup de plaisir avec ? Jouer avec l'argent est très dangereux.

Toute personne qui touche de l'argent modifie déjà son karma par ses propres pensées générées à la suite de son interaction avec lui, et il  (l'argent) oriente immédiatement ses pensées sur la voie négative : on pense à l'endroit où on va le dépenser, à ce à quoi on va l'utiliser. Ainsi, mentalement, il projette déjà le concept des dépendances de l'existence de fonctionnements qualitatifs positifs et négatifs dans la base de sa conscience.

Lorsque ces pensées sont confirmées par l'action, c'est-à-dire lorsque la théorie est confirmée par la pratique, une personne transforme la base non-permanente des composants karmiques de la conscience en une plate-forme permanente de l'inconscient. Ainsi, elle commence à se transformer intérieurement en fonction de l'argent, ce qui implique que la personne ne peut pas se libérer des dettes karmiques formées (ou des gains positifs, si l'argent est dépensé pour aider quelqu'un : personnes nécessiteuses, orphelinats, hôpitaux, cliniques, etc.) Tout dépend de la destination de l'argent : faire le bien et aider ou acquérir des biens matériels et commettre des actions nuisibles et mauvaises. Par exemple, créer des casinos, des salles de jeux, créer des œuvres qui corrompent la société, apprendre aux gens à se suicider par le biais de jeux informatiques, etc. est un développement dans une direction négative.

L'argent doit servir à l'élévation spirituelle de l'homme, et non devenir une source qui dégrade l'âme et la fait passer du blanc au noir.

Tout ceci suggère que les gens doivent apprendre à reconnaître ce qui est mal, ce qui est bien, et les conséquences qu'ils peuvent attendre de leurs propres réalisations en matière d'argent.

L'EXPLICATION DES FAITS "INEXPLIABLES"

Améliorons notre compréhension de certains processus de pensée humains. Beaucoup de personnes aux capacités phénoménales sont apparues récemment. L'humanité a même cessé de s'en étonner, tant elles sont nombreuses. Mais essayons de comprendre d'où viennent ces capacités inhabituelles.

Tournons-nous vers le livre Tikhoplav V.Yu. et T.S. "Le tournant cardinal", riche d'exemples et de faits divers. Mais leur explication provient de concepts obsolètes, et n'est donc pas toujours correcte. Nous nous appuierons sur de nouvelles connaissances.

Ces auteurs écrivent qu'«une femme analphabète de l'Inde nommée Shakuntala Devi a calculé la vingt-troisième racine d'un nombre de 201 bits, à un près, battant devant l'un des ordinateurs les plus sophistiqués des États-Unis de 10 secondes ... En même temps, elle affirme qu'elle ne sait pas comment cela se fait... Alexander Keig Aitken de Nouvelle-Zélande a mis au carré le nombre 57 586 en deux secondes". Et plus loin dans le même livre, il est écrit que "de nombreuses études ont montré qu'au moment du "calcul", le cerveau d'une telle personne est inactif, c'est-à-dire qu'il ne compte pas réellement. Alors d'où vient le résultat correct ? Les personnes qui comptent prétendent qu'elles voient la réponse sur un écran imaginaire et la lisent simplement.

Ces dernières explications confirment, avant tout, la véracité de nos informations. Dans le livre "La vie secrète des Maîtres Célestes", nous racontons que les Déterminants (les Maîtres Célestes à l'ancienne) guident leur disciple terrestre à travers la vie à l'aide d'un dispositif technique du plan subtil semblable à un ordinateur terrestre. Le disciple est relié à cet ordinateur par un anneau d'impulsion et un fil d'argent

. Le déterminant lui envoie la connaissance nécessaire à travers son ordinateur du plan subtil et l'étudiant voit la réponse toute prête réellement sur l'écran de l'ordinateur, uniquement du plan céleste. Il lit simplement ce qu'il voit à haute voix. Ici, tout l'émerveillement ne réside pas dans les capacités de la personne en question, mais dans sa subtilité particulière, qui permet de voir avec la vision mentale ce que le Maître Céleste lui montre.

Tout le monde ne possède pas une structure aussi particulière et, par conséquent, tout le monde n'est pas en mesure de voir devant son œil mental, pour ainsi dire, ce que le Déterminant lui montre depuis le plan subtil. Mais si une personne reçoit de telles capacités phénoménales à révéler aux autres, elle les a donc méritées par son développement antérieur. Elles lui sont données dans la vie réelle comme un encouragement pour elle-même, et pour les autres comme une incitation à la réflexion.

L'explication donnée dans le livre de Tikhoplakov, "Le tournant cardinal", est compliquée et pas entièrement correcte. Ils essaient d'inclure des connaissances sur la psychophysique, les mécanismes fonctionnels de la conscience et les champs de torsion, mais tout cela ne fait qu'embrouiller et n'explique rien.

Ces qualités de rapidité de calcul chez un être humain peuvent aussi se manifester d'une autre manière, sans utiliser l'écran d'ordinateur du Déterminant. Rappelons que l'homme dispose de matrices de mots et de concepts. Si l'âme d'une personne donnée a atteint dans des vies antérieures une qualité absolue dans l'étude des mathématiques, alors dans la cellule matricielle elle est entrée dans le stade du mode d'action automatique. Par conséquent, si l'on débloque une telle cellule, elle se transformera en une machine à compter. Ce sera un génie des mathématiques.

Mais il a construit cette qualité petit à petit au cours de nombreuses vies passées, par son propre travail. Mais pour lire des réponses prêtes à l'emploi sur l'écran intérieur, il n'est pas nécessaire d'avoir cette qualité pleinement développée. Cela peut être peu développé, mais l'Enseignant Céleste lui-même travaillera pour son élève, il commencera à donner des réponses toutes prêtes et l'élève étonnera les gens autour de lui avec cette capacité inhabituelle.

Mais cela n'est pas fait pour la gloire de l'étudiant, mais pour certains buts que les Supérieurs placent devant d'autres personnes qui ont l'occasion d'observer l'enfant prodige, par exemple, ne serait-ce que pour, avoir frappé l'imagination des jeunes avec les capacités inhabituelles de l'orateur, pour les impliquer dans l'étude des sciences exactes. L'orateur sert de modèle dans ce cas. Nous répétons cependant que cela nécessite une construction particulière du disciple sur le plan subtil. Sa structure subtile sera différente de celle de toutes les autres personnes.

Ou un autre exemple.

Dans le même livre de Tikhoplav V.Y. et T.S., « Le tournant cardinal », il est écrit que Drunvalo Melchizedek, dans l'une de ses œuvres, parle d'un médium, Mary Ann Schinfield, qui a été contactée par les services de la NASA "avec une demande de suivre un certain satellite et de leur donner des informations spécifiques sur les instruments". Et la femme les leur a donné. "Et lorsque les scientifiques stupéfaits lui ont demandé d'expliquer comment elle le savait, ils ont entendu une réponse encore plus déconcertante. Il s'avère qu'elle venait de voler à côté du satellite et de lire les instruments de l'engin spatial. Et ce malgré le fait que Mary Ann était aveugle de naissance.

Puis elle a suggéré à Melchizédek de regarder à travers ses yeux. Et il a réussi. " En quelques respirations, mon champ de vision s'est ouvert et j'ai commencé à regarder à travers ce qui ressemblait à un immense écran de télévision, ou à travers ce qui ressemblait à un écran qui occupait tout mon champ de vision. Ce que j'ai vu était incroyable. J'avais l'impression d'être sans corps et de me déplacer très vite dans l'espace. Je pouvais voir très clairement les étoiles par les yeux de Mary Ann... Il y avait douze ou quatorze écrans plus petits autour du périmètre de cet "écran de télévision"... C'était l'écran qui lui disait ce qui se passait dans l'espace où se trouvait directement son corps... Il y avait un autre écran dans le coin inférieur gauche, à travers lequel elle communiquait avec la vie extraterrestre de ce système solaire..."

Le fait que Mary ait été aveugle de naissance indique qu'elle n'avait pas d'images visuelles dans sa mémoire, qui font parfois surface chez une personne pendant une maladie, lorsqu'elle perd connaissance, dans des hallucinations ou lorsqu'une personne devient aveugle à l'âge adulte.

Tout ce qui a été décrit est tout à fait cohérent avec nos informations et les confirme. Lorsque l'on sait que l'âme humaine est capable de se détacher du corps matériel et de voler de manière autonome, en restant reliée à lui par un fil d'argent, il devient évident que Mary a dû quitter son corps physique et voler jusqu'au satellite dans une enveloppe subtile afin d'examiner les appareils du satellite en question.

L'âme a une vision tridimensionnelle. Par conséquent, dès qu'elle a quitté son corps physique aveugle, elle a ouvert une vision volumétrique d'un plan subtil. Toute âme (sauf les moins développées) qui quitte le corps physique commence immédiatement à voir ce qui l'entoure, mais avec des "yeux" différents. Tout cela inclut sa construction lors de son incarnation sur la Terre.

Le fait que Melchizédek ait pu regarder à travers ses yeux astraux est également une opportunité qui a été donnée à son âme évoluée à titre exceptionnel. Toutes les personnes d'en Haut ne seront pas autorisées à regarder à travers les yeux d'une autre personne. Mais encore une fois, cela a été fait dans un but précis fixé par là-Haut à ces personnes. Notre information parle aussi de cette possibilité - regarder à travers les yeux des autres. Et cela peut se faire de différentes manières. On peut utiliser le centre de vision de l'enveloppe astrale, comme Melchizedek a été aidé à le faire. Il n'a pas regardé directement à travers les yeux matériels, mais à travers le centre de vision subtile de son enveloppe astrale, car il était lui-même dans un corps subtil à ce moment-là (et pour cela il a fait certains exercices de respiration).

Nos Enseignants Célestes utilisent un mécanisme différent. Par exemple, il arrive qu'un Déterminant doive regarder le monde physique à travers les yeux de son disciple. La matière est toujours mieux perçue par les Substances à travers l'appareil matériel. Ils sont dans une autre dimension, dans un autre monde, et ne peuvent donc pas voir notre monde physique tel que nous le voyons. Ils voient tout à leur manière, ils voient les constructions subtiles du monde dans leur multitude, car leur appareil visuel perçoit une gamme élargie d'énergies.

Mais pour voir le monde physique tel que nous le voyons, ils doivent réduire le champ de perception, c'est-à-dire, en utilisant notre appareil visuel qui fonctionne dans un spectre limité d'énergies physiques. Les Déterminants eux-mêmes (ou d'autres Substances) ne descendent pas dans notre monde. Ils regardent à travers les yeux d'une personne, allument pour cela une certaine partie de l'anneau d'impulsion, et voient eux-mêmes tout sur leur écran d'ordinateur qui les connecte au disciple.

D'une part, c'est un miracle, mais d'autre part, ce n'est qu'une opportunité d'un haut Niveau de développement de l'âme. La haute intelligence fait des miracles, mais par le biais de la technologie. Dans le monde subtil, on trouve également de nombreux appareils de toutes sortes, ressemblant à des ordinateurs terrestres avec des écrans. Cela aussi a été signalé à plusieurs reprises dans nos informations.

Ce qui est bien avec les livres de Tikhoplav, c'est qu'ils contiennent de nombreux cas de vie étonnants. Ils étonnent les scientifiques, mais ceux-ci, qui ne disposent que de connaissances matérielles, ne peuvent pas expliquer ce qui se passe et comment cela se passe, et donnent parfois des explications complètement fausses des phénomènes.

Nous ne donnons pas non plus une explication complète et détaillée des faits, mais nous présentons au lecteur seulement un nouveau schéma de pensée, nous indiquons où la direction dans laquelle la connaissance des phénomènes et l'explication doivent aller. Nous soulignons que tout ce qui est inhabituel doit être recherché non pas dans le corps matériel de l'homme, mais dans son âme, dans ses constructions subtiles. L'âme humaine est le faiseur de miracles qui accomplit l'incroyable.

Prenons un autre fait tiré du livre de Tikhoplav, "Le Tournant Cardinal". Un garçon, né en Chine en 1974, "pouvait voir avec ses oreilles". Des sources officielles chinoises affirment que lorsque ces enfants ont les yeux bandés, ils peuvent voir avec leurs oreilles, leur nez, leur langue, leurs aisselles, la paume de leurs mains ou la plante de leurs pieds. Dans notre pays, et dans d'autres pays aussi, il y a des enfants comme ça maintenant. Et l'école de Bronnikov apprend aux enfants à voir avec les yeux fermés.

Cette vision est divisée en deux types. Certaines personnes ayant suivi des méthodes d'entraînement spéciales ouvrent le troisième œil et peuvent ainsi voir le monde physique, au point de percevoir également les couleurs des objets. Le troisième œil engage l'appareil visuel du cerveau physique humain et de son enveloppe éthérique, directement lié à la construction du corps matériel.

Dans ce cas, une personne apprend à concentrer son énergie sur cet endroit du corps qui est directement connecté à l'appareil visuel du cerveau, dans la zone entre les sourcils du front (ou la section correspondante de l'enveloppe éthérée). Et c'est l'énergie qui fait fonctionner l'appareil de vision subtile. L'homme commence à voir à travers la matière et est capable de pénétrer profondément dans sa structure, car cet appareil fonctionne dans une gamme de fréquences plus large que les yeux matériels. (L'homme commence à voir les organes internes ou les atomes d'un objet).

Selon le Niveau de développement d'une personne, un troisième œil de différents degrés de vision peut être activé. Ce sont les clairvoyants de différents Niveaux. Si le troisième œil du corps physique est activé à l'aide du cerveau matériel, la personne verra le monde matériel, ses objets, et apprendra à y naviguer les yeux fermés. Si l'appareil oculaire du corps éthérique est activé, l'homme commence alors à voir une gamme plus subtile d'énergies, l'aura de l'homme, l'énergie des organes malades. L'inclusion de l'appareil de vision de l'enveloppe astrale aide à voir les mondes subtils parallèles, ainsi que les structures subtiles de notre planète. Ces trois enveloppes se connectent au troisième œil et lui envoient des images visuelles dans sa gamme d'énergies. C'est-à-dire que le troisième œil travaille en collaboration avec le cerveau physique et le centre correspondant de l'une des trois enveloppes temporaires.

Chaque enveloppe subtile d'une personne a son propre champ de vision, c'est-à-dire qu'elle fonctionne dans la gamme de fréquences des énergies de cette enveloppe.

Si une personne commence à voir certaines parties du corps matériel, dans ce cas, l'enveloppe éthérique est également activée, qui possède des copies des organes du corps matériel sur le plan subtil, leurs centres de contrôle, et affecte le travail des organes eux-mêmes depuis le plan subtil, qui se transforment en un dispositif visuel à la place des yeux. Mais c'est à elle (à l'enveloppe éthérique) qu'est nécessairement reliée l'enveloppe astrale, ce qui étend le champ de perception du monde.

Lorsqu'une personne se concentre sur certains de ses organes, elle commence à leur envoyer des quantités d'énergie concentrées qui activent le centre de vision de l'enveloppe astrale. C'est-à-dire que l'envoi de l'énergie du souhait concentré de voir quelque chose forme une certaine impulsion intentionnelle d'énergie. Et cette impulsion est redistribuée de la manière requise à l'intérieur des enveloppes, atteignant le centre souhaité dans les enveloppes éthérique ou astrale (selon la construction spéciale de la personne).

Mais lorsque le garçon chinois souhaite voir quelque chose, dans l'enveloppe, l'impulsion est dirigée vers le centre de la vision, et la vision astrale de l'enfant est activée. Mais pour que l'impulsion puisse encore voyager de manière aussi complexe, il faut une construction spéciale des structures subtiles, c'est-à-dire qu'une telle connexion est initialement établie dans sa structure subtile. Après tout, tout cela (voir avec les oreilles ou la plante des pieds) est planifié par le Supérieur avant la naissance de l'enfant.

Mais si l'homme en question possède une âme hautement développée, capable de contrôler une pensée et de la diriger dans la direction nécessaire, il peut alors envoyer lui-même une énergo-impulsion à l'endroit prévu par la puissance de sa pensée. Ici, les enveloppes temporaires sont liées non pas au troisième œil mais à tous les organes sur lesquels s'effectue la concentration de l'attention, et elles permettent également à l'aveugle de voir le monde. Avec cela, les Supérieurs cherchent à conduire l'homme à la réflexion, à la direction de sa connaissance des constructions subtiles de lui-même et du monde. Les miracles ou les écarts par rapport aux normes sont donnés non pas pour étonner mais pour réfléchir et faire de nouvelles découvertes dans la direction indiquée. Parfois, ils coïncident avec le karma d'une personne.

La deuxième option pour expliquer les phénomènes concerne la découverte d'une vision tridimensionnelle de l'âme. Cela fait référence à ses structures permanentes (enveloppes éternelles) et n'est pas lié au cerveau physique et au troisième œil.

L'âme est capable de voir sans appareil matériel - les yeux - et même sans corps matériel, ce qui a été prouvé plus d'une fois lors du départ de l'âme du corps humain pendant la mort clinique, lorsque l'individu voyait son corps mourant de l'extérieur, généralement d'en haut. C'est son âme défunte qui a activé la vision volumétrique (tridimensionnelle) dans la gamme de fréquences donnée, et la personne pouvait se voir de côté. L'activation de la vision est automatique. De nombreux processus dans les structures subtiles s'activent automatiquement lorsque différents signaux d'un certain potentiel leur parviennent.

Si Mary Ann lisait les appareils sur le satellite, elle le faisait avec une vision tridimensionnelle de l'âme. Il était clair que son âme avait temporairement quitté son corps et, guidée par sa pensée, s'était immédiatement retrouvée au bon endroit, au bon satellite. En utilisant la vision tridimensionnelle, Mary a compté les lectures requises, est retournée dans son corps et a rapporté les données aux enquêteurs. Et le fait que l'autre personne ait pu regarder à travers ses yeux utilisait également la capacité de cette personne à quitter son corps matériel et à regarder à travers un autre appareil (qui dans ce cas était les yeux astraux de Mary Ann). Et comme ses yeux aveugles étaient reliés à l'ordinateur du Déterminant, qui lui envoyait souvent des informations à travers son écran d'ordinateur, Melchizedek voyait cet écran, voyait ce que Mary Ann voyait habituellement au bon moment. Cependant, en raison de la nature de son travail, son Déterminant ne disposait pas d'un mais de plusieurs autres ordinateurs auxiliaires avec des écrans plus petits, que Melchizedek a pu voir.

Il peut y avoir de nombreuses variantes de la vision, nous n'en avons expliqué qu'une petite partie, et en termes généraux. Les spécificités viendront lorsque l'on apprendra la structure des enveloppes subtiles de la même manière que l'on apprend la structure du corps physique.

Cependant, les gens ont une constitution subtile différente et tous ceux qui souhaitent avoir une vision volumétrique ou un œil astral ne peuvent pas l'ouvrir, même après un entraînement intensif. Tout est lié au programme d'une personne, aux plans des Supérieurs. Ce qu'ils ne prévoient pas de révéler chez un homme ne lui sera pas révélé. Cependant, il faut se développer spirituellement et alors de nombreuses capacités intéressantes et merveilleuses s'éveilleront en vous, puis avec le temps elles seront révélées.

- - -

Bien sûr, une grande partie de notre explication, pour un matérialiste peu familiarisé avec l'ésotérisme, peut sembler fausse, absurde, non confirmée, une simple fiction. Mais nous affirmons que tout ce qui est écrit dans nos livres de la série " Au-delà de l'inconnu " (23 livres) et de la série " La magie de la perfection " (4 livres) sera confirmé par les scientifiques et la pratique dans les 500 prochaines années. De même, par exemple, ce que les Dogons ont dit n'a été confirmé par les scientifiques que ces dernières années.

Les Dogons prétendaient que Sirius était une étoile triple, ce que la science moderne ne savait pas, même avec ses équipements techniques de pointe, et les Dogons n'avaient pas d'observatoires astronomiques ni de télescopes. Mais comment pouvaient-ils savoir ce qu'ils n'avaient pas vu ? On peut supposer qu'ils possédaient des connaissances ésotériques qu'ils recevaient d'En-Haut, comme c'est le cas de nos jours : la connaissance descend jusqu'aux contacteurs individuels et est transmise par leur intermédiaire à l'ensemble de l'humanité. Mais il est également possible qu'ils l'aient reçu de civilisations extraterrestres très avancées qui visitent périodiquement notre planète.

Mais il n'y a pas que les écrits anciens, les gens eux-mêmes révèlent maintenant leurs secrets personnels aux générations futures, confirmant ainsi la connaissance ésotérique.

Leur expérience personnelle confirme une grande partie de ce que disent nos livres. Dans le passé, par exemple, il était interdit aux pilotes et aux astronautes de parler de leurs rencontres avec des soucoupes volantes ; toutes leurs visions étaient immédiatement mises sur le compte d'un dysfonctionnement mental sous l'effet du stress. Mais sans pouvoir confirmer ce qu'ils ont vu par d'autres expériences, les pilotes ont vu, étrangement, exactement la même chose, ce qui prouve l'existence du phénomène. « Cachez-le, cachez-le », mais il se manifeste et un jour il apparaît au grand jour.

Par exemple, le cosmonaute soviétique P.R. Popovich, dans l'émission de télévision "Mysticisme des étoiles", a raconté qu'il était un jour dans un avion en tant que passager et que, soudain, une voix intérieure s'est mise à lui donner des indications : "Regarde par la fenêtre." - Il n'obéit pas et la voix insiste à nouveau : "Regarde par la fenêtre !" Quand il a regardé par la fenêtre cette fois, il a été stupéfait de ce qu'il a vu. Un avion de forme triangulaire planait parallèlement à l'avion. C'était un triangle équilatéral, mais volumineux. Il a accompagné l'avion pendant un court moment, puis a disparu.

Faisons maintenant une clarification. Popovich P.R. n'a pas entendu de voix intérieure, mais a perçu par télépathie ce que les extraterrestres lui disaient alors qu'ils étaient assis dans leur machine volante triangulaire. Quelques secondes ont suffi pour qu'ils puissent scanner les informations complètes de l'homme. Ils lisent donc qu'il est un pilote avec une notion dogmatique que seule une forme telle qu'un avion peut voler.

Voulant le faire changer d'avis, par télépathie, en influençant sa matrice de concepts, ils ont par deux fois incité l'astronaute à regarder par la fenêtre leur "maladroite" machine volante. Ils voulaient le faire réfléchir de cette manière et prouver que l'on peut voler sous différentes formes, et pas seulement sous les formes auxquelles on est habitué. Nous avons aussi, incidemment, mentionné dans l'un de nos livres qu'une fois A.I. Strelnikov est sorti le soir, alors qu'il faisait déjà nuit, et a vu un objet triangulaire noir voler dans le ciel. Plus précisément, une pyramide volait. Cela aurait pu ressembler à un conte de fées, s'il n'y avait pas d'autres preuves. Donc, non seulement les "soucoupes", mais aussi les pyramides et les triangles, sont pilotés par des êtres hautement intelligents.

Pendant son séjour dans l'espace, Popovich a également fait d'importantes observations d'un autre type : il a senti qu'à une altitude de plus de cent kilomètres au-dessus de la Terre, la conscience d'une personne change, elle commence à ressentir l'espace, les planètes et les étoiles d'une manière différente. Certains astronautes, après un vol spatial, ont découvert la capacité de dessiner et de composer des poèmes. Par exemple, le cosmonaute Leonov, après son retour de l'espace, a commencé à faire des dessins.

L'explication de ce fait est qu'à une altitude de 200-250 kilomètres, à laquelle les astronautes volent au-dessus de la Terre, ils entrent dans le champ des hautes énergies, et comme nous l'avons dit, un potentiel énergétique élevé est capable d'ouvrir certaines cellules dans la matrice de qualités individuelles et la propriété ouverte commence à fonctionner. Il a été accumulé dans leurs vies antérieures, mais a été temporairement fermée et les hautes énergies l'ont débloquée.

Cependant, revenons au concept de l'âme et à ses qualités dans le monde terrestre. Qu'est-ce qui prouve l'existence de cette substance et sa capacité à agir indépendamment en dehors du corps matériel ?

Notre science ne s'arrête pas, elle a commencé à prendre d'assaut le monde subtil. Au début de l'année 2001, les scientifiques britanniques Peter Fenwick de Londres et Sam Larin de Southampton ont obtenu la preuve de la capacité de la conscience humaine à exister en dehors du corps matériel et à ne pas dépendre de l'activité du cerveau physique. Sur la base de leurs recherches, ils sont parvenus à la conclusion très importante que "la conscience humaine n'est pas une fonction du cerveau". (Livre d'articles de divers auteurs, "Le monde que nous avons fait...") Dans ce cas, par "conscience" il faut voir l'âme humaine dans ses enveloppes subtiles, capable d'être consciente d'elle-même en dehors du corps matériel et de voir le monde physique.

Et des chercheurs néerlandais, après de nombreuses expériences, sont arrivés à la conclusion suivante, confirmant également la capacité de l'âme à s'envoler hors du corps et à exister en dehors de celui-ci, en étant consciente de ce qui lui arrive sans la participation du cerveau physique.

De nombreux médecins matérialistes ont affirmé que toutes les visions d'une personne après la mort clinique sont dues à un manque d'oxygène dans le cerveau mourant, produisant des visions bizarres sur cette base. Mais des scientifiques néerlandais ont démenti leurs affirmations. Ils écrivent :

"Les visions post-mortem chez l'homme se produisent alors que le cerveau est suspendu ; elles ne peuvent pas être expliquées par un manque d'oxygène dans les cellules du système nerveux central" (Le monde que nous avons fait..., Articles rassemblés).

En analysant les expériences des personnes qui se sont trouvées en état de mort clinique, les chercheurs sont souvent tombés sur la même chose, à savoir la vision récurrente de tunnels, ou couloirs, à travers lesquels le mourant vole, puis l'apparition de lumières vives et d'êtres semblables à des anges qui l'accueillent.

C'est la présence de telles images que les médecins attribuent aux hallucinations du cerveau mourant, dont les cellules commencent à mourir par manque d'oxygène. D'autres médecins affirment que ces visions sont causées par de fortes doses de médicaments utilisés pour réanimer les mourants. Mais comme l'ont conclu les Néerlandais, le cerveau n'est pas impliqué ici, aucun bio-courant correspondant n'y est détecté.

Et tout cela correspond à ce qui est écrit dans nos livres et peut sembler être de la fiction pour certains. Mais les personnes qui ont fait l'expérience de la mort clinique à Londres, Paris, New York, sans connivence, décrivent toutes les mêmes images : les tunnels qu'elles traversent, la lumière au bout du tunnel et les êtres lumineux (ou les proches) qui les rencontrent. Et nous décrivons simplement dans les livres une structure subtile, située autour de la Terre dans une autre dimension et chargée de collecter les âmes après la mort des gens. Cette structure est appelée par les Supérieurs comme le Séparateur ou le Distributeur (le livre "L'âme et les mystères de sa structure").

Lorsque l'âme humaine s'élève du monde sombre et grossier, construit sur une faible gamme d'énergies, vers le monde des énergies supérieures, elle les perçoit comme de la lumière. Le monde des énergies supérieures brille, ce qui correspond à une vision de "lumière au bout du tunnel".

Les mêmes témoignages de personnes ayant été dans un état de mort apparente confirment la capacité de l'âme à voyager hors de son corps matériel. Les réanimateurs racontent souvent que certains patients, après la mort clinique et leur retour à la vie, disent s'être vus de l'extérieur et avoir observé ce que les médecins leur ont fait. C'est ainsi que des scientifiques, des médecins et des chercheurs de différents pays ont commencé à confirmer par l'expérience pratique les nouvelles connaissances ésotériques que les Maîtres Célestes transmettent actuellement à la Terre.

LE RENFORCEMENT DE LA FOI PAR DE NOUVELLES CONNAISSANCES

De nombreuses personnes qui sont revenues à la foi en Dieu après la perestroïka dans notre pays (de 1985 à 2000) se considèrent comme revivifiées et sauvées. Elles vont à l'église, lisent de vieilles prières et obéissent à de vieux rituels, oubliant que tout a besoin d'être renouvelé. Revenir à l'ancien n'est pas un progrès.

L'évolution elle-même ne tolère pas que l'on adhère à la même chose pendant des siècles sans recourir à l'innovation. Elle consiste en un changement rigoureux au quotidien, minute par minute. Le changement est le mouvement des énergies au sein de tout monde ou volume vivant, c'est une indication de la vie. Ce n'est pas la stagnation et l'adoration constante de la même chose, mais plutôt le mouvement qui apporte du nouveau et renforce le potentiel énergétique du vivant qui est le principal indicateur de la progression de quoi que ce soit.

Qu'arriverait-il à un organisme vivant s'il cessait de bouger et n'avait plus rien à recevoir de l'extérieur : pas de nourriture, pas d'eau, pas d'air ? Il est clair qu'il mourrait. La même chose se produit dans tout monde, toute population et toute communauté. Tout a besoin de renouvellement et d'un apport de quelque chose de frais, de nouveau. C'est pourquoi la foi de l'homme doit également subir un changement et s'enrichir de nouvelles connaissances. Un retour à l'ancien est, dans la nature de l'évolution, une expression du processus de dégradation.

La foi basée sur d'anciennes connaissances et idées sur Dieu est construite sur les énergies de la gamme inférieure, sur des fréquences inférieures. Et le développement se poursuit de telle manière que le temps lui-même apporte de nouvelles énergies avec un potentiel plus élevé et exige son incorporation dans tout ce qui est ancien et qui souhaite se renouveler et correspondre à ce nouveau temps.

Une nouvelle énergie subtile, dotée d'un nouveau programme, est introduite dans l'ancienne matière et conduit toutes les transformations ultérieures. Le renouvellement s'enfonce indéfiniment dans la matière, également vers l'extérieur. Tout se passe en parallèle. Pour l'existence humaine, ce renouvellement s'applique nécessairement non seulement à la matière, mais aussi au monde spirituel, à toutes les connaissances et activités. Si tout ce qui nous entoure change constamment, la raison en est le fonctionnement du mécanisme d'évolution de la matière et de l'énergie, qui ne laisse rien d'ancien inchangé.

Mais passons à la compréhension concrète que l'homme a de sa Foi. Comme l'a montré l'histoire de l'humanité, elle aussi a toujours connu un renouveau.

Le contacteur L.I. Maslov dans la période des changements globaux dans notre pays écrit dans son livre 1 "Révélations aux gens du nouveau siècle" que la chose principale pour chaque habitant de la Terre au début du 21e siècle reste la Foi en Dieu : "...La croyance en Dieu est le fondement de la base de la vie humaine dans le monde matériel" (Contact du 26.08.04, p. 4). Et c'est certainement correct. Toutefois, elle doit être complétée et clarifiée.

Une personne ne peut plus croire à l'ancien en une sorte de vieil homme omnipotent et tout-puissant qui exauce vos désirs ou vous punit pour un acte répréhensible. C'est ainsi que Dieu est actuellement compris et qu'il est présenté aux paroissiens. La Foi - ne demande pas de connaître les raisons de quoi que ce soit. Mais le temps de la foi aveugle est révolu.

L'homme a grandi spirituellement, il a beaucoup appris dans le développement du monde, donc une telle Foi qui le restreint à une nouvelle connaissance ne pourra pas suivre l'homme dans l'ère du Verseau. L'homme a besoin de nouvelles connaissances. C'est comme si l'on enseignait à un élève de la première à la dixième année avec les mêmes manuels de première année - au début, il y aura des progrès et une connaissance qualitative du sujet, puis il y aura une stagnation et une dégradation. La progression de l'âme s'arrêtera.

Par conséquent, la Foi de l'homme de l'ère du Verseau doit également être consciente, fondée sur de nouvelles connaissances. La base de la vie est l'auto-amélioration de l'âme pour l'amour de Dieu. Il n'a pas seulement besoin de disciples obéissants et aveuglément inclinés, mais d'âmes qui comprennent les processus de création et aident le Tout-Puissant à créer de nouveaux mondes.

Dieu suscite des créateurs, et les créateurs ont besoin de connaissances et d'audace pour faire des choses qui balaient l'ancien et créent le nouveau. Par conséquent, l'ancienne Foi ne satisfera plus l'homme et seules de nouvelles connaissances la renforceront et feront avancer la Foi de l'homme elle-même dans l'avenir pour encore deux mille ans.

La Foi sans la connaissance n'est rien pour l'homme. Plus le niveau de développement spirituel du croyant est faible, plus il est facile pour lui de perdre la foi en Dieu. À la première situation difficile de la vie, à la première tragédie ou malheur, il se tournera vers Lui avec la question - "Pourquoi, Dieu ?". Ne comprenant pas ce qui se passe, ne voyant pas son passé, ne sachant pas ce que les Supérieurs veulent obtenir de lui, il va rapidement perdre la Foi en Dieu, sa foi va fondre comme la fumée d'un feu.

Mais si un homme étudie tous les aspects de son développement sur la Terre et en dehors de celle-ci, s'il apprend les Lois de l'Univers (création) et l'existence de la hiérarchie divine, ces questions disparaîtront d'elles-mêmes, l'homme sera capable de considérer ses actions de manière indépendante et de les mesurer aux lois générales de l'existence spirituelle. Il se rendra alors compte que c'est son comportement erroné qui est à l'origine des conséquences tragiques du présent, telles qu'elles se manifestent aujourd'hui autour de lui. La connaissance formera la compréhension, et la compréhension permettra d'expliquer, de trouver les causes de l'indésirable et de les éliminer. Tout ceci pour dire que cette connaissance renforcera la Foi de chacun. En d'autres termes, la Foi dans l'ère du Verseau est appelée à connaître un changement.

L'auteur de la « Révélation » croit également au "destin du chemin de l'homme vers la Lumière de l'Éternité...". (contact du 26.08.04, n. 5). Mais ce n'est qu'un vœu pieux. Nos connaissances révèlent les nuances de l'ascension de l'homme dans le monde de la lumière. Et, comme le montrent les nouvelles connaissances, toutes les personnes n'ont pas cette prédestination à entrer dans l'éternité, même maintenant, lorsque la période de développement de l'ère des Poissons est terminée. Malheureusement, à cause de la paresse, du choix de mauvaises méthodes de développement et de l'accumulation de dettes karmiques, de nombreuses âmes ont une construction incomplète des cellules de la matrice. C'est-à-dire que la texture de leur "destin" en raison de leur dépravation a une forme inachevée.

La préséance concerne les qualités qu'une personne doit développer en elle. C'est par ces qualités qu'elle sera plus tard distribuée dans les mondes de Dieu. Et les qualités définissent les fonctions que l'âme va remplir dans son monde. Chaque âme a sa propre fonction, c'est-à-dire sa propre destinée. Mais pour qu'une personne puisse construire en elle les qualités nécessaires, chacun a le début d'un certain cycle de développement, donné par un programme d'En Haut et orienté sur un ensemble d'énergies nécessaires, construisant les qualités nécessaires. Et comme nous parlons de l'homme moderne, il n'a posé en lui que des qualités initiales selon ce programme, mais elles ne sont pas encore achevées, elles n'ont pas atteint la perfection. Par conséquent, il n'a pas encore accompli sa prédestination.

L'homme doit se construire de manière à ce que chaque qualité puisse continuer à se développer au niveau suivant ou soit capable de se transformer en une nouvelle qualité du Niveau suivant. Et ces constructions dans la matrice et les enveloppes subtiles exigent de lui l'observation des lois du développement et de l'existence.

Pour que la "prédestination" se transforme en éternité, il devrait y avoir un facteur de permanence de la perfection dans la base des fondements (dans les matrices). En son absence, due à une construction erronée de la matrice, le caractère préétabli perd son sens et favorise le décodage complet de la personnalité, c'est-à-dire la purification de ses cellules matricielles jusqu'à la phase complète de la perte du propre "moi". Une telle personnalité n'entrera pas dans l'éternité mais disparaîtra de l'évolution en général, bien que le Créateur lui ait initialement destiné une place définie dans son monde et un type d'activité défini.

De nombreuses âmes de niveau bas descendent dans le monde  terrestre dans un but précis : elles doivent se former au cours de leur développement afin de se conformer à certaines normes d'existence dans l'autre monde, où certaines tâches leur seront confiées. L'âme n'est pas envoyée dans notre monde pour s'occuper et vivre uniquement pour elle. Dans le futur, elle sera obligée de faire un travail concret pour Dieu, elle doit donc avoir à la fois des connaissances et des compétences, comme tout autre expert dans son domaine. Pour Dieu, la justice (justesse) de l'homme ne suffit pas, et beaucoup de gens pensent qu'il suffit de vivre dans la justice et que cela suffit pour aller dans l'éternité. Malheureusement, ce n'est pas suffisant. Une personne est obligée de devenir compétente dans de nombreux domaines de connaissance, car Dieu a également besoin de travailleurs qualifiés.

La prédestination ne consiste donc pas seulement à pouvoir s'élever dans le monde de la lumière sur la base de hautes moralités, mais il faut aussi devenir dans ce monde un spécialiste dans son domaine, ce qui correspond sur le plan subtil à certaines constructions de l'âme. L'homme ne viendra pas dans le monde de la lumière pour rester oisif, mais pour travailler, pour construire la masse des mondes, des planètes, des étoiles, etc. Et pour cela, il faudra déjà commencer à former en soi certaines qualités nécessaires au monde nouveau. Pourquoi l'homme devrait-il développer la télépathie, la clairvoyance, l'intuition et ainsi de suite à la fin de la sixième race ? Parce que ces propriétés lui seront nécessaires pour exister dans un monde supérieur.

Celui qui ne parvient pas à former les qualités requises à temps ou qui s'engage dans une voie de développement négative n'entrera pas dans l'Éternité de Dieu. Mais il peut entrer dans l'Éternité du Diable, car lui aussi a sa propre éternité, ou être détruit en tant que personne à cause d'une mauvaise formation, d'une déviation de sa prédestination originelle.

Le moment du développement est également très important pour l'âme. Si elle n'a pas le temps de se développer dans les qualités requises pour les indicateurs normatifs à la date d'échéance, elle peut alors être décodée ou transférée vers d'autres mondes inférieurs.

Il est évident que les âmes qui excellent dans le développement entreront dans la hiérarchie de Dieu. Mais comment leur existence s'y rendra-t-elle ?

Si l'on fait abstraction de la soif constante de biens matériels, dont l'être humain doit se débarrasser comme d'un vice au cours de son développement, il aura le désir de la connaissance, de la perfection spirituelle et du travail, c'est-à-dire du bénéfice des autres âmes et de la transformation du monde.

Le même auteur de la "Révélation" a l'opinion suivante à ce sujet, à savoir que lorsque l'homme se connaîtra, connaîtra ses possibilités, il comprendra le monde de Dieu et alors "... il n'y aura aucune limite à la réalisation des possibilités de l'homme...".

Oui, on ne se connaît pas encore soi-même, car de nombreuses qualités de son âme sont fermées dans le but de développer d'autres qualités. L'auteur a raison sur ce point. Mais il se trompe sur la réalisation illimitée de ses possibilités. Il s'agit de sa propre idée, élevée dans les années du socialisme, sur les possibilités illimitées de l'homme, qui sont vouées à être révélées et manifestées un jour.

Cependant, tant que l'homme vivra sur Terre, il y aura toujours une limite à la réalisation de lui-même, car notre planète elle-même est limitée par ses dimensions, et donc tous ceux qui y vivent sont également limités par cela. De même, chaque être humain est limité par rapport aux autres habitants de la Terre dans l'expression de ses possibilités et de ses capacités. Pour les réaliser, on a toujours besoin d'énergie, d'espace et de matériaux. Et tout cela a ses limites. En outre, un être humain devrait interagir avec d'autres personnes, non pas comme il le souhaite, mais comme cela convient aux Supérieurs. Ils relient tout cela aux objectifs les plus élevés du développement. Ainsi, l'homme espère en vain que dans l'Eternité il n'y a pas de limite à la réalisation de ses possibilités.

Tout monde éternel est un ordre très strict, il est l'accomplissement d'une loi après l'autre. Ce n'est qu'en raison de cet ordre très strict que l'Éternité existe. Par conséquent, lorsqu'une personne y entre, elle ne sera pas autorisée à faire n'importe quoi de manière arbitraire jusqu'à des limites infinies. Dans ses affaires personnelles, la liberté ne sera que de trente pour cent, ce qui constitue une limite assez étroite à ce que l'homme peut faire, et tout le reste sera soumis à l'accomplissement des règles et règlements généraux du développement.

En outre, les possibilités que l'homme a reconnues en lui à l'heure actuelle sont liées à son corps physique. Et l'homme ne l'emportera pas dans l'éternité, car cette matière n'est pas adaptée à une existence éternelle. Elle ne s'est pas justifiée. Cela parle aussi d'autre chose - que les possibilités actuelles ne seront pas nécessaires à l'âme humaine plus tard dans le nouveau monde et dans un nouvel état, mais d'autres possibilités s'y ouvriront dont une personne n'a pas encore idée, et leurs mises en œuvre seront différentes, mais aussi légalisées par des normes d'existence dans le nouveau monde. Nulle part il n'est possible pour l'âme de créer tout ce qu'elle souhaite de manière illimitée et de réaliser ses potentialités de cette manière. Partout, il y a des restrictions et des lois.

Ou prenez une autre parole inspirée de l'auteur de "la Révélation" (26.08.04, p.7) : "... il n'y a pas de retour en arrière, seulement de l'avant". Le slogan est correct, mais il cache certaines nuances que seules de nouvelles connaissances peuvent révéler. Il convient parfaitement à une proclamation communiste et à une seule vie.

Le développement est toujours une aspiration. Mais si nous sommes plus précis et prenons en compte les réincarnations de l'âme, il s'avère que ce slogan ne lui convient pas toujours. En raison d'un manque de compréhension de nombreux aspects du développement, l'homme commet de nombreuses erreurs qui contribuent à ce que son âme ne soit pas construite dans les qualités qui plaisent à Dieu. Et, bien sûr, il serait possible de détruire simplement toutes les âmes erronées. Mais Dieu leur donne une chance de se corriger et, par conséquent, permet un processus tel que la dégradation du développement pour tester la stabilité des qualités construites.

Toute personne positive se voit offrir par Dieu la possibilité de se dégrader au cours de sa vie si elle est incapable de résoudre certaines situations de la vie. C'est-à-dire que dans le programme de la vie, dans les moments difficiles, on donne à une personne le droit de choisir, et si elle se sent incapable de prendre une décision, elle s'éloigne (solution neutre de la situation) ou commence à détruire ce qu'elle a développé en elle auparavant (la voie de la dégradation). Et ce n'est pas un mouvement vers l'avant, mais un mouvement vers l'arrière. Toutes les choses instables sont détruites dans les situations difficiles, seules les qualités fortes de l'âme restent.

Le Diable ne donne pas à ses individus la possibilité de se dégrader, il a d'autres programmes. Ils suivent un chemin ardu, n'ayant pas le droit de choisir ce qui est plus facile et plus aisé. Dieu donne ce droit à ses âmes.

C'est-à-dire que dans les mondes de Dieu, il y a toujours un retour, et il joue un rôle essentiel dans le processus graduel de devenir une âme. Mais après un recul, la revanche est toujours de mise. L'âme n'est autorisée à reculer que jusqu'à un certain point, puis elle doit rattraper son retard et avancer avec une certaine accélération. Ainsi, le perfectionnement de l'âme n'utilise pas seulement des processus qui sont toujours en avant, mais aussi en arrière. Même si, bien sûr, il ne peut pas y avoir de tels slogans. L'évolution permet un retour à l'ancien dans des limites restreintes.

Ici aussi la question se pose : une personne peut-elle revenir sur ce qui a été passé et dans quel but ? Nous avons dit plus haut qu'un retour à l'ancienne religion ne contribue pas au progrès de l'âme, mais c'est aussi son épreuve, c'est-à-dire que si une personne revient à la Foi en Dieu après quelques épreuves, alors cela confirme la vérité de sa Foi. Mais pour aller de l'avant, elle a besoin d'aller vers de nouvelles choses, sinon la dégradation s'installe.

Prenons l'exemple d'un enseignant dans une école. Pendant de nombreuses années, il a été contraint de revenir à la matière qu'il a étudiée afin d'enseigner à une génération après l'autre certaines connaissances. Pour plusieurs générations d'étudiants, pendant un certain temps, ces connaissances contribueront au progrès de leur âme, de sorte que les étudiants s'amélioreront, et l'enseignant à ce titre restera constant, il ne progressera pas (sur la base de ces connaissances). Il s'avère qu'il sacrifie son propre avancement au nom de l'avancement des autres. Mais la société dans son ensemble progresse grâce aux étudiants avancés et elle entraîne l'enseignant dans son flux général, de sorte qu'il progresse déjà grâce à ce flux général qu'il a lui-même créé à l'aide de ses enseignements et de ses étudiants.

Mais le temps lui-même a également un impact sur les progrès d'une personne. L.I. Maslov écrit ce qui suit à ce sujet :

« Le début du Nouvel Âge ouvre de nouvelles opportunités pour l'humanité. Elle doit maintenant emprunter la bonne voie pour former une société juste de personnes vertueuses" (contact 31.08.04, para 5).

En effet, chaque nouveau siècle, chaque nouvelle année, chaque mois, chaque jour, chaque heure ouvre de nouvelles possibilités de développement et d'avancement dans sa propre perfection. Notre monde est configuré de telle sorte que chaque instant apporte la condition préalable à de nouvelles victoires humaines en développement. La question est de savoir si l'être humain en fait usage. Où se trouve le bon chemin pour la race humaine, personne sur Terre ne le sait encore. Une âme unique peut encore trouver le bon chemin pour elle-même, mais comme pour le grand public, cela ne peut être compris par l'homme à ce stade du développement humain. Pour ce faire, la conscience des gens doit être tournée à 180 degrés à l'aide des nouvelles connaissances de la vision du monde. Et c'est à partir de cette nouvelle orientation du développement que sera construit le futur système unifié d'existence pour les terriens - les gens de la nouvelle époque.

Une société juste des justes est un futur très lointain. L'homme a essayé de construire le communisme comme une société de personnes égales et heureuses, mais n'a pas réussi à atteindre l'essence de cette formation au niveau actuel de développement. Pour que ce système existe, l'humanité doit passer par une autre formation, à savoir la formation économique et financière, qui repose sur la fourniture à tous les individus de la société d'un travail qui procure de la joie à tous et du bien-être matériel nécessaire au développement spirituel.

Mais l'homme a pris un autre chemin, celui de la dégradation. Il ne voit pas ses erreurs et ne les reconnaît pas, même lorsque les autres le lui font remarquer. Et tout cela entraîne une série de développements négatifs ultérieurs.

À mesure que l'acquisition de qualités positives augmente, un pourcentage identique de qualités négatives se développe. En d'autres termes, quelle que soit la quantité de bien que l'homme fait sur son chemin, il se fera inévitablement autant de mal à lui-même. Cependant, la dépendance karmique et le fonctionnement d'un certain nombre de lois précises selon lesquelles tous les êtres vivants se développent et qui n'ont été révélées à l'humanité que maintenant dans le livre "Les Lois de l'Univers ou la base de l'existence de la hiérarchie divine" tentent de rectifier cela.

Mais passons à une autre question dans ce livre de la "Révélation". L.I. Maslov (contact du 18.11.04, p.30) écrit que "L'avenir ne peut être construit sur le passé, c'est une erreur fatale de l'esprit humain". Comment doit-on comprendre ces mots et qu'est-ce que les nouvelles connaissances ésotériques ajouteront aux anciens concepts ?

Pouvons-nous imaginer ce qui se passera si nous ne construisons pas l'avenir sur la base du passé ? Toute existence est construite sur le fait que l'âme, en se développant, accumule des expériences de vie, qui forment dans les cellules de la matrice les qualités de l'âme, ses capacités et ses qualités. Et c'est là la croissance et le progrès spirituels d'une personnalité.

Si l'on imagine que l'expérience du passé n'est pas nécessaire, alors il s'avère que le développement spirituel n'est pas nécessaire et que la matrice de l'âme peut rester vide. Il n'y a pas besoin de se développer et cela permet à l'âme de ne pas faire d'erreurs basées sur le passé. Aller dans le futur sans aucune expérience ? Mais cela correspondrait à la matrice d'un Néandertalien. L'avenir acceptera-t-il une telle personne ? En outre, il faut tenir compte du fait que les situations futures, et le monde futur lui-même, sont conçus pour un énergopotentiel spécifique. Les situations passées ont un énergopotentiel moindre que les situations futures, donc si l'âme avance successivement à partir du passé, elle sera automatiquement éjectée par un potentiel plus puissant d'événements futurs, si elle n'a pas accumulé l'énergopotentiel approprié dans le passé et le présent.

Mais cette citation peut aussi être vue d'une manière différente. Si cette affirmation fait référence à la construction de la vie sociale, il est clair que la vie au 22e siècle ne peut pas reproduire exactement les situations du 18e siècle. Chaque génération vit ses propres événements, chaque époque correspond à une image différente du monde et de tout ce qu'il contient.

Les situations du présent seront toujours différentes de celles de l'avenir. La raison en est, une fois encore, l'énergopotentiel diffère de l'avenir et le fait de travailler avec des énergies différentes. Les images du monde seront construites sur d'autres types d'énergies, plus puissantes. Par conséquent, même dans les situations karmiques, bien qu'elles se répètent, elles comportent de grandes différences qualitatives. Et à cet égard, il est difficile d'utiliser l'expérience du passé pour faire avancer l'avenir.

- - -

Mais à quoi sert tout ce raisonnement ? Après tout, toute phrase peut être interprétée comme on le souhaite, en fonction de l'objectif que l'on poursuit.

Notre objectif est de connecter l'ancien au nouveau. En donnant un nouveau sens à une phrase, nous introduisons de nouvelles énergies dans les anciens concepts en les comprenant sur la base d'une connaissance ésotérique du futur.

Ainsi, progressivement, par le biais d'explications, nous nous éloignons des notions habituelles du monde et de l'homme et apprenons à comprendre à la lumière de l'ère du Verseau, en utilisant l'arsenal de connaissances supérieures de la série de livres "Au-delà de l'inconnu". De cette façon, nous changeons non seulement nos concepts, mais aussi notre conscience.

UN ÊTRE HUMAIN PEUT-IL RÉGNER SUR LA TERRE ?

L'homme est très présomptueux et a une trop haute opinion de lui-même. Par exemple, dans le même livre "Révélations", L.I. Maslov écrit : "...L'homme doit comprendre l'apogée du développement de la personnalité afin de dominer la Terre et d'y être le vice-roi de Dieu ! (31.08.04, p.1)

C'est incroyable à quel point une personne peut avoir une haute opinion d'elle-même. Nous ne parlons pas spécifiquement de l'auteur, mais de la strate de personnes qui pensent de la même manière, parce que cela leur a été inculqué par l'idéologie socialiste depuis le premier degré. Mais nous ne pourrons nous rendre compte de l'étendue des connaissances du représentant de la cinquième race que lorsque nous connaîtrons de nouvelles choses. Tout ce discours est construit sur le cosmos, sur l'univers de l'homme du stade passé du développement humain, et pour la nouvelle, sixième race, il ne convient plus.

Les nouvelles connaissances données d'En-Haut permettent de comprendre que l'homme ne pourra jamais dominer la Terre, car elle possède un énorme énergopotentiel de l'âme, et selon les lois de l'Univers, un potentiel plus petit doit obéir à un potentiel plus grand. C'est une loi inviolable de l'Univers. Et tandis que l'homme atteint un Niveau de développement qui, selon l'auteur, lui permet de diriger la planète, son âme s'élèvera à un niveau encore plus élevé, car la planète s'améliore également et en même temps beaucoup plus vite que l'homme. Il ne pourra donc jamais régner sur la Terre. Il ne peut qu'entrer en contact avec elle et prendre une sorte de décision commune sur l'organisation de l'environnement et l'utilisation de ses ressources.

Pour régner sur la Terre, l'homme doit d'abord passer par tous les niveaux de développement de la hiérarchie humaine, puis par tous les niveaux de développement des planètes dans leur hiérarchie. C'est-à-dire qu'il y a une énorme différence entre le niveau actuel d'une personne et celui qui lui permettra de diriger cette gestion. L'âme humaine n'est pas capable d'accomplir rapidement un saut aussi considérable pour combler la différence de développement. Cela prend du temps et un temps incalculable par rapport aux normes actuelles. La Terre n'attendra pas qu'il se développe à ce niveau, car elle se perfectionne elle-même en parallèle. Lorsque l'homme sera capable de diriger une planète semblable à la Terre, l'âme réelle de notre planète aura déjà franchi des étapes supérieures de développement extra-planétaire. Cependant, la présence d'une progression constante de l'âme crée la perspective qu'un jour une âme humaine soit capable de diriger une jeune planète apparue plus tard dans l'évolution que cet individu.

Quant à la Terre actuelle, il faut également tenir compte des possibilités de la matière physique de notre monde, qui ne constitue que l'enveloppe extérieure de l'âme de la planète. Et cette matière, malheureusement, est finie et n'attendra pas éternellement, lorsque l'homme reviendra dans le monde donné, après avoir passé un milliardième de réincarnations et avoir reçu le développement approprié.

L'ALIGNEMENT SUR LES AUTRES

Les gens essaient toujours de comprendre pourquoi l'Amérique est un pays favorisé par Dieu. Pour quel mérite les Etats-Unis ont-ils toujours été un pays prospère, ils n'ont jamais connu de guerres destructrices, de famine, de décadence au point de la pauvreté totale de son peuple. S'ils avaient des conflits raciaux internes, ils les résolvaient avec succès, amenant toutes les nations du pays à entretenir des relations amicales et respectueuses. Mais la chose la plus importante, qui faisait l'envie de nombreux autres pays, était le bien-être matériel de tout le peuple américain.

De nombreuses raisons ont été avancées pour expliquer la prospérité de l'Amérique. Il s'agit notamment de l'absence de guerres sur son sol, de l'attraction des meilleurs cerveaux de nombreux autres pays, etc. Mais l'auteur du livre "Révélations" voit la raison de cette prospérité dans quelque chose d'autre, à savoir la foi en Dieu. C'est notre pays qui a renoncé à la religion en 1917, et l'Amérique n'a jamais renoncé à Dieu. L.I. Maslov écrit :

"Les Américains ont écrit leur slogan sur le dollar : ″We believe in God″(ou en Dieu), et leur État s'est développé et se développe plutôt bien. (Avant la crise de 2008). Et peut-être l'auteur a-t-il raison de dire que cela a servi à rendre Dieu si favorable à ce pays au fil des ans. Mais, Dieu merci, ce pays a dévié de la voie spirituelle du développement dans une direction qui ne plaît pas à Dieu - il a emprunté la voie technocratique, la poursuite de la richesse, les arts sont descendus jusqu'à l'interprétation de la relation entre l'homme et la femme, d'où la débauche, la toxicomanie, le déclin des mœurs, la propagation des établissements de jeu.

Les Américains ont écrit le slogan sur le dollar et se sont lancés dans une course effrénée pour l'obtenir. C'est devenu le principal objectif de leur vie. L'amour et la foi en Dieu auraient dû être le but, et ils les auraient aidés à comprendre les raisons de leur manque d'âme.

Mais nous devons admettre qu'en termes de développement social et technologique, l'Amérique nous a dépassés et a dépassé de nombreux autres pays. Et dans son développement spirituel, il n'est pas aussi lisse qu'il n'y paraît à première vue pour le commun des mortels. Il n'est pas en mesure de voir ce qui est visible du Plan Supérieur, et ne peut pas non plus comparer les indicateurs qui étaient prévus d'obtenir dans le cadre du programme de développement de cette société lorsqu'il a choisi l'option progressive avec les indicateurs qu'il a reçus lors du choix de la voie de dégradation. L'Amérique, d'ailleurs, comme nous, a aussi choisi la voie de la dégradation. Mais pour montrer clairement quel pays a atteint quoi, comparons les niveaux spirituels.

Le Niveau moyen de spiritualité en Russie sur l'échelle d'un développement de cent Niveaux est le quarantième Niveau (comme la majorité de l'humanité), et en Amérique, la majeure partie de la population n'est qu'au niveau 25-30. Et le quarantième Niveau n'y est occupé que par un cinquième de la population.

Mais revenons au livre de la Révélation. L'auteur propose :

"La Russie devrait finir d'écrire tous les symboles de la Foi en Dieu sur ses documents financiers - roubles : ″Nous croyons en Dieu, nous l'aimons et nous espérons en Lui″. Dans ce cas, avec ce rappel constant par l'argent de Dieu, il s'établira fermement dans l'esprit d'une personne." Et puis l'auteur s'exclame : "Voici le début de la renaissance de la Russie en tant qu'État avancé, voici l'idée nationale de la Russie, voici son avenir. Une fois que cela sera fait, tout sera transformé au-delà de toute reconnaissance, toutes les nations du Monde apprécieront cet acte, puis elles croiront la Russie et la suivront, reconnaissant sa supériorité spirituelle.

L'idée elle-même est correcte en termes généraux - un renouveau de la Foi en Dieu devrait toucher tout le monde, à partir duquel se formera la Foi générale du peuple. Mais il ne suffit pas d'accroître la spiritualité. Et personne ne sait comment l'augmenter. Et le moyen d'accroître la spiritualité est simple : il faut maîtriser les nouvelles connaissances ésotériques, données à l'humanité par Dieu, et améliorer sa propre moralité et son éthique (sans cela, on ne peut devenir une personne spirituelle) pour ensuite vivre selon les commandements de Dieu et les nouvelles Lois de l'Univers.

La Foi seule ne nous mènera pas loin si nous ne comprenons pas ce qui se passe. Cela a été donné à la cinquième race et nous pouvons déjà voir le résultat - cela n'a pas eu l'effet souhaité, nous sommes sur la route de la dégradation, donc nous sommes tous secoués par les nids de poule et les bosses.

Une personne moderne est déjà assez avancée (ce n'est pas comme une personne d'il y a deux mille ans), par conséquent, pour progresser davantage, elle a besoin de la connaissance supérieure qui lui apprendra à comprendre chacun de ses mouvements. C'est-à-dire que les slogans ne suffisent plus à l'homme de la sixième race. Si une personne répète sans cesse le slogan: "Je crois en Dieu, je l'aime et j'espère en lui", alors aucune renaissance de son âme ne se produira à partir de cela, car aucune innovation et, de plus, aucune réforme n'en découlera. Tout continue à rester à l'ancien niveau, car la conscience humaine reste encrassée par les anciennes connaissances.

Seules de nouvelles connaissances, porteuses d'énergies d'une portée supérieure, peuvent changer radicalement la compréhension et l'appréhension par l'homme de ce qui se passe. Il doit comprendre pourquoi les gens sont obligés de croire en Dieu, quels processus sont impliqués et où ils le mèneront.

Cela entraînera à son tour des changements dans tout le mode de vie de tous les pays occidentaux qui ont survécu aux grands bouleversements qui frapperont bientôt l'humanité. Peu de pays resteront, car les Supérieurs se sont activement engagés dans la transformation de notre planète, et cela ne peut se faire sans sacrifice.

Mais tous ceux qui continuent d'exister seront repoussés par nos théories. De nombreuses découvertes seront faites sur leur base, ce qui révolutionnera la science. Ne serait-ce pas ce qu'on appelle un renouveau spirituel universel et mondial ?

Ou le lecteur continuera-t-il à croire que tout l'ancien mode de vie peut faire bouger le slogan sur l'argent ?

Pour que la Russie soit vraiment crue et suivie, les théories cardinales sont exactement ce qu'il faut, elles étourdissent, bouleversent les consciences et balaient tout ce qui est vieux et inutile. Les anciens principes d'existence sont déjà dépassés, et les théories du développement se sont desséchées comme la pelure d'un oignon. Seules les supernovae sont capables d'ouvrir la voie à l'humanité vers un avenir lointain et radieux.

UN RAPPEL DE SON NIVEAU

De nos jours, beaucoup de gens aiment mesurer leur propre spiritualité et celle des autres au moyen d'un pendule, d'une baguette de géobiologie. Et parmi ceux qui ont appris à les utiliser, il n'y a évidemment pas une seule personne qui n'ait pas mesuré un haut niveau de spiritualité. Tous se situent dans la limite de 80-90. Et tous, dans leurs incarnations passées, auraient été dans le corps de certaines célébrités : trois personnes nous ont écrit que dans leur corps se trouvait l'âme de Lénine, quelqu'un était une ancienne incarnation de Karl Marx et F. Engels. Il y a même un cordonnier qui m'a assuré que le cadre montrait qu'il contenait l'âme de Léonard de Vinci.

Naturellement, cela est très flatteur pour l'ego d'une personne et la rassure sur le fait que si elle est maintenant contrainte de mener une existence inférieure, elle était autrefois intelligente et respectée par les autres.

Bien sûr, c'est possible, car rien ne peut arriver dans le développement de l'humanité, mais il faut tout de même comprendre qu'au moins certains traits de ces grands personnages devraient apparaître en eux. L'esprit doit lui aussi pétiller d'idées et de capacité de réflexion, et le talent de l'artiste doit se manifester dans l'appréciation des œuvres d'art toutes faites et des objets de la vie quotidienne.

Bien sûr, certaines cellules des matrices de qualité sont fermées lorsque l'âme accomplit le nouveau programme de vie, mais pas toutes. L'âme élevée se manifestera nécessairement dans l'une ou l'autre. Par conséquent, si un homme ne révèle pas en lui les qualités des grandes âmes, une seule conclusion s'impose : le cadre et le pendule donnent de mauvaises réponses. Et ce qui est étrange, c'est qu'ils exagèrent toujours les valeurs de leur maître. Probablement pour lui faire de la flatterie. Il n'y a pas encore eu d'homme qui nous informe que le cadre a montré qu'il était de niveau 20. Mais il manque toujours l'autocritique, l'auto-évaluation correcte de soi-même et un élément de comparaison avec les autres. Il s'avère donc que ces instruments (le cadre et le pendule) ne servent pas tant la vérité que la fausse vérité, en trompant leur propriétaire.

Ceux qui prennent des mesures n'ont pas saisi pour eux-mêmes la différence la plus importante entre les personnes pleines de vie et toutes les autres. Les personnes ayant atteint les niveaux 80-90 doivent avoir une sorte de superpouvoirs : se téléporter, lire les pensées des autres, voir la structure subtile d'une personne, matérialiser des objets, prédire l'avenir, etc. Elles n'ont plus besoin d'habitations, car elles sont capables de se créer des champs de protection à partir de l'énergie des effets néfastes de l'environnement. Elles n'ont pas non plus besoin d'armes pour se défendre. Ayant la pleine possession de l'énergie, elles peuvent l'utiliser pour créer des champs de protection pour elles-mêmes ; si une attaque par une espèce inférieure doit être repoussée, l'énergie sera également leur arme. À un certain niveau de développement, une personne se battra avec de l'énergie plutôt qu'avec des armes. Mais si nous supposons que tous les gens deviendront hautement spirituels, alors le besoin de se battre les uns contre les autres disparaîtra de lui-même, car la haute spiritualité n'est pas compatible avec la qualité de l'agression.

Et plus l'âme humaine se rapproche du 100e niveau de la hiérarchie humaine, plus les facultés et les pouvoirs paranormaux commencent à s'ouvrir en elle. Ils commenceront à trouver la réalisation par eux-mêmes et des situations spéciales seront prévues par les Programmateurs Supérieurs à cet effet. Les capacités de l'homme sur Terre sont limitées ; cela est déterminé d'En Haut. Par conséquent, dès qu'au 99e niveau de la hiérarchie (qui sera à la fin de la 7e ou 8e civilisation) une personne ouvre la dernière capacité posée sur le plan terrestre, alors une telle âme dans ce monde n'aura plus rien à faire, et elle sera dirigé vers la perfection dans d'autres mondes supérieurs.

Au début du 21e siècle, il n'y a pas de personnes sur Terre ayant atteint le 90e niveau de développement spirituel, il n'y a même pas de personnes ayant atteint le 70e niveau. (La seule exception concerne les âmes ayant une mission particulièrement importante sur Terre. Mais elles sont très peu nombreuses. Elles n'appartiennent pas à la civilisation des terriens, car elles sont venues des niveaux supérieurs, ayant accompli le chemin de la perfection. Ce ne sont pas des âmes humaines. Après avoir accompli leurs tâches, elles s'élèvent à nouveau vers les mondes supérieurs, offrant à l'humanité la possibilité de franchir elle-même les étapes de la hiérarchie terrestre). Et un être humain, pour s'élever au moins jusqu'au soixante-dixième niveau, devra se développer pendant encore au moins 2000 ans. Cependant, il participera à d'autres situations orientées vers le développement en lui de capacités paranormales et de l'aptitude à les appliquer.

Les nouvelles connaissances exigent déjà qu'une personne développe des qualités différentes de celles qui étaient nécessaires, par exemple, il y a mille ans. Les nouvelles qualités ne peuvent être développées avec les anciennes méthodes, de nouvelles méthodes sont nécessaires, la participation à de nouveaux processus. Par conséquent, tout va changer. Et le but de ces changements est de forcer l'homme à développer en lui les qualités d'un représentant de la sixième race.

Une personne doit se rendre compte par elle-même qu'elle ne peut pas encore atteindre le premier Niveau de la hiérarchie de Dieu, elle a un potentiel énergétique de l'âme trop faible. Cela implique en même temps un faible potentiel de connaissances. Elle ne s'approchera du 100e Niveau qu'à la fin de la 7e race si elle a progressé avec succès. Par conséquent, les âmes des personnes contemporaines devront s'incarner à la fois dans la sixième et dans la septième race. La plupart d'entre elles continueront leur développement sur la même planète.

* * *

PAGE DE POÉSIE

Kartavtseva L.L.

On dit, sans se vanter, que c'est la beauté
qui sauve le monde,
Que c'est la beauté qui sauve le monde.
Mais même la beauté, peu importe à quel
point nous la voulons,
Je suis désolé de le dire, mais même la
beauté ne peut pas nous sauver de la
solitude.

*   *   *

Et dans cette vie, qui que nous devenions,
Rêver d'un idéal cher.
Mais même dans un miroir, quel dommage,
Tu ne vois pas du tout ton idéal !

*   *   *

J'essaie de réfréner ma curiosité,
Je veux savoir ce qui est important
Mais le sens de la vie est impossible à saisir.
Et le sens de la mort, aussi !

*   *   *

La mort est toujours ridicule et la mort fait peur !
Et si nous regardions les choses d'une autre manière ?
Il y a une excuse - si elle a soudainement
Elle sauve la vie de quelqu'un d'autre.

*   *   *

Nous rêvons avec tristesse depuis des années,
Nous semblons rêver à l'impossible.
Il n'y a pas de bonheur dans le présent,
Il n'y a que le futur et le passé.

*   *   *

123

Les mots peuvent être plus chauds que le poivre.
Et ils peuvent être chantés comme des sérénades.
Les mots peuvent geler le cœur,
Les mots peuvent réchauffer le cœur.

* * *

Imaginez que la vie est déjà un mirage,
Et bientôt tu feras face à l'abîme
A qui donneras-tu ton dernier baiser
Dans les yeux de qui vas-tu te regarder pour la dernière fois ?
A qui garderas-tu tes paroles ?
Pour beaucoup de personnes sur terre, tu as été responsable.
De qui tiendras-tu la main
Pour se souvenir de toi dans ce monde ?

* * *

Tout autour, c'est un mur d'incompréhension.
Le frisson vient du mauvais œil.
La vie est un test pour nous,
Et le bonheur dans la vie comme récompense.

* * *

Parfois, on brûle dans la vie,
On ne peut pas le chérir,
Comme si nous rêvions tous ensemble
Deux ou trois en même temps.

* * *

J'écris des poèmes pour votre plaisir,
Je vous donne mes prophéties,
Mais je ne les publierai pas toutes,
Je connais la joie de la créativité.

Chapitre 4

LES RÉPONSES AUX QUESTIONS

La mystique des étoiles

Dans ce chapitre, comme le veut notre vieille tradition, nous répondons aux questions des lecteurs.

Question : Des incidents mystiques arrivent à certains artistes : il arrive souvent qu'ils jouent un rôle tragique sur scène ou au cinéma, puis la même chose commence à leur arriver à eux-mêmes. Dans quel but cela se produit-il dans leur vie ?

Réponse : Nous savons que pour développer certaines qualités dans la matrice de l'âme, une personne passe par des situations identiques au  programme, mais le plus souvent, elles se répètent dans des incarnations différentes alors que la personne ne s'en souvient pas. Ainsi, le Supérieur atteint la pureté de l'expérience. C'est-à-dire que dans des situations répétées, une personne doit agir de la même manière, ce qui prouve la stabilité de la qualité développée de son âme. Cela prouve qu'elle a atteint la qualité de construction requise dans la cellule de la matrice.

Mais la solution aux situations peut être différente.

Si, par exemple, une qualité dans une cellule arrive en fin de construction, la personne sera ferme dans sa prise de décision et agira de la même manière dans plusieurs situations similaires. Supposons qu'elle soit testée pour son honnêteté. Lorsque cette qualité est déjà bien établie en elle, elle ne volera pas d'argent, même si l'on laisse l'argent sans surveillance.

Si elle n'a pas pris dans la première situation, et a été séduite dans la seconde, cela signifie que la qualité de l'honnêteté en elle est peu développée et qu'elle est en train de se construire. Ce n'est pas durable et il faudra qu'elle y travaille dans des situations beaucoup plus difficiles.

Si, au contraire, dans la première situation, elle a pris l'argent et dans la deuxième situation, elle ne l'a pas pris, cela signifie qu'elle s'est engagée sur la voie de la correction, que sa conscience s'est éveillée en elle et qu'elle a l'espoir de vaincre son vice. Mais pour cette victoire finale, le Supérieur mettra dans son programme de vie de nouvelles situations, qui lui permettront soit de continuer à construire la qualité de l'honnêteté, soit la qualité du vice comme résultat d'un choix. Si une personne ne se souvient pas de ce qu'elle a fait dans sa vie passée, mais qu'elle agit correctement dans une situation, dans une autre et dans une troisième, cela indique déjà la stabilité de la qualité acquise et la pureté de l'expérience. Par conséquent, le Supérieur peut cesser de se concentrer sur cette qualité et commencer à en former une autre sur d'autres situations.

Des situations répétées dans différentes incarnations sont données à une personne pour travailler ou tester certaines qualités de l'âme.

Aujourd'hui, à la fin du cycle de développement de la cinquième race, les représentants de celle-ci mettent la dernière main à leurs qualités, remboursent leurs dettes et subissent les derniers tests. C'est pourquoi les Supérieurs se sont écartés de leurs anciennes règles et font tout leur possible pour que l'être humain accomplisse ses points à un rythme accéléré, pour qu'il termine ce qu'il n'a pas eu le temps de faire. Pour cela, ils introduisent des situations répétitives dans une vie. Ils ont pour but d'accélérer le développement de certaines qualités.

Lorsque les situations se répètent dans la même vie, elles deviennent plus claires pour la personne elle-même. La personne vient de vivre une image donnée de la vie, par exemple sur scène, et l'a en quelque sorte analysée, en a tiré certaines conclusions pour elle-même. Mais de toute façon, quand elle joue un rôle dans la vie de quelqu'un d'autre, il n'y a pas de compréhension totale des situations. Elle pense davantage à la manière de mieux jouer qu'à la raison pour laquelle certains événements se produisent dans sa vie, s'ils sont bons ou mauvais, etc.

Mais lorsque la même chose se produit dans sa vie personnelle, elle approfondit la situation et commence immédiatement à se demander pourquoi telle ou telle chose se produit. Sur scène, elle sait comment la pièce va se terminer, mais elle ne peut pas prévoir comment son problème va se terminer. Par conséquent, elle doit réfléchir profondément à ce qui s'est passé, l'analyser et le comparer avec ce qu'elle avait sur scène. L'artiste commence à réfléchir intensément à ce qui s'est passé. En pensant, en ressentant, en vivant la situation, elle accumule certaines qualités qui remplissent d'énergie les cellules de sa matrice. Et la qualité se construit plus rapidement que si tout est étalé sur plusieurs incarnations. Il n'y a plus de temps pour cela.

Une personne a l'occasion de travailler sur une situation deux fois dans sa vie pour mieux la comprendre et lui donner un sens. La cinquième race travaille sur ses dettes passées, l'homme doit donc avoir le temps de s'en débarrasser au plus vite. De cette façon, il sera en mesure de compléter plus rapidement la qualité requise dans la matrice, et les débiteurs pourront rembourser leurs dettes pour le manque de production d'énergie pour les Systèmes hiérarchiques.

Il existe aussi des variantes où, par la répétition des événements, on est obligé de rendre ses dettes énergétiques au Supérieur. Cette variante peut également se produire d'abord sur scène, puis dans la vie.

L'art dans la sixième race

Question : Les arts réels vont-ils persister chez les personnes de la sixième race ?

Dans les phases initiales de formation, les représentants de la nouvelle sixième race doivent compléter les enveloppes qu'ils n'ont pas eu le temps de compléter pendant la cinquième race, à cause du retard de l'humanité, et en même temps ils doivent commencer le développement de deux nouvelles enveloppes (les énergocorps humains deviennent neuf au lieu de sept).

Par conséquent, au cours de la période de transition entre l'ère des Poissons et l'ère du Verseau, l'homme a la possibilité de perfectionner ses talents et ses capacités dans les anciens genres d'art, pour les amener à la perfection.

Mais à partir d'un certain moment, tous les genres d'art vont changer, beaucoup d'entre eux vont disparaître complètement. Toutes les situations de la vie humaine auront pour but de construire en elle les qualités et les qualités nécessaires à la sixième race, qui semblent aujourd'hui paranormales, mais qui, à l'avenir, deviendront tout simplement normales.

Une personne apprendra d'abord à penser de la manière qui plaît aux Supérieurs et telle qu'elle est prévue par eux au stade donné du développement de la Terre. Elle accumulera un puissant potentiel énergétique du plan mental, puis elle devra apprendre à contrôler la pensée et à effectuer certaines opérations avec elle. Elle apprendra à déplacer des objets par la pensée, puis à construire, à créer des objets à partir de la matière par la seule pensée, sans utiliser la force physique.

L'homme doit apprendre à contrôler les énergies de hautes fréquences. Il utilise maintenant l'énergie physique grossière de son corps matériel dans ses propres mouvements et travaux ainsi que dans la création. Mais comme ce corps n'est pas éternel et doit, à terme, être abandonné, il ne pourra pas emporter toutes ces compétences dans le monde subtil. Là, il existera dans un autre état, une autre forme, et c'est ainsi que l'âme humaine apprend à se débrouiller avec l'aide de la pensée et des énergies subtiles du haut spectre qui se trouvent dans ses énergocorps permanents.

À l'avenir, l'homme n'aura pas à étudier le chant, à chanter sur scène et à apprendre à jouer des instruments de musique. Il n'aura pas besoin de développer une oreille musicale dans la gamme des énergies physiques grossières, tout cela doit déjà avoir été développé par l'individu de la cinquième race.

Il faut cependant dire que la musique dans son expression générale restera. Ses anciens genres seront transformés en des genres entièrement nouveaux. Les sons du cosmos et ses symphonies sont magnifiques, aussi l'âme apprendra-t-elle à écouter le son de l'univers, des galaxies, des étoiles. Les êtres humains commenceront à manifester leurs talents musicaux autrement qu'au début du 21e siècle.

La maîtrise du nouveau pourrait bien se faire à l'heure actuelle, mais étant donné le grand retard de la cinquième race, de nombreuses âmes devront perfectionner leurs qualités maintenant et au cours des 500 prochaines années. Ce décalage ne devrait pas exister et l'homme aurait déjà pu perfectionner avec succès ses nouvelles qualités, mais il a dévié trop loin sur le chemin de la tentation et de la richesse matérielle, ce qui est la raison principale des nombreux perfectionnements requis par les âmes au début de la prochaine ère.

Mais pour parler spécifiquement de la disparition des genres, les poètes, les écrivains et les artistes vont disparaître. Les gens cesseront de composer des poèmes et des livres, car ces genres d'art étaient liés au développement de la matrice du Mot, et à la fin de la sixième race, ce sera inutile puisque la matrice des Notions sera formée d'une manière requise, pour laquelle la matrice du Mot est auxiliaire. Les gens cesseront de communiquer par les mots, passant à la communication télépathique. Et leur télépathie sera d'abord basée sur la matrice de concepts figuratifs, puis sur des interactions impulsion-énergétiques plus avancées.

L'information ne sera pas stockée sous une forme verbale, mais sous une forme entièrement nouvelle, encore inconnue de l'homme. La nécessité de pratiquer divers sports disparaîtra. Après tout, l'homme en a toujours eu besoin pour renforcer son enveloppe physique et éthérique et développer son enveloppe astrale. Cela n'a rien à voir avec les types  d'énergies supérieures. Mais comme les gammes d'énergies correspondant à ces enveloppes sur la Terre ont déjà été travaillées au cours de l'évolution de l'homme, et que celui-ci a besoin de travailler de nouvelles énergies, tout ce qui **ne** contribue **pas** à remplir les nouvelles enveloppes avec le prochain spectre d'énergies sera réduit à néant à la fin de la sixième race.

Pourquoi s'affronter pour savoir qui peut courir plus vite, sauter plus haut, nager mieux et skier mieux ? L'homme passera à la maîtrise de la lévitation, de la téléportation, il apprendra à se déplacer dans l'eau sans sous-marin, mais dans son enveloppe subtile sans la médiation du corps physique. Et tout cela nécessite de maîtriser de nouveaux mécanismes de comportement, de maîtriser la propriété de se déplacer dans le monde subtil (qui est partiellement maîtrisé par l'âme maintenant après la mort de l'homme).

Le genre de la danse, de patinage sur glace va disparaître. Un être humain apprendra à voler, et de nouvelles opportunités s'ouvriront à lui pour montrer son talent dans les airs, pour faire des choses si extraordinaires qu'elles seront appelées art.

Sans l'utilisation des téléphones, en raison du développement de l'ouïe intérieure (clairaudience), il entendra son ami, qui se trouve à une distance de trois à quatre mille kilomètres. Et le développement de la vision à longue portée lui permettra de se passer de jumelles, de lorgnettes et de télescopes.

Aussi, l'homme du futur doit maîtriser la lévitation, et non le parachutisme, le ballet, basé sur une maîtrise virtuose du corps matériel. Ensuite, il est nécessaire d'apprendre la téléportation, ce qui ne nécessite pas d'apprendre à nager ou à patiner, mais un tout autre type d'exercice et de pratique. Le temps est venu d'explorer d'autres modes de mouvement et de développer chez chaque membre de la société des qualités et des capacités entièrement nouvelles qui semblent encore miraculeuses et inatteignables.

La voyance permet d'élargir les limites de la vision qu'une personne a de son environnement. Elle sera capable de regarder librement dans le microcosme sans microscope, de voir la structure des éléments chimiques et des êtres subtils dans des mondes parallèles. Elle développera une vision tridimensionnelle et sera capable de voir non seulement ce qui se trouve devant ses yeux, mais aussi ce qui se trouve derrière et sur les côtés. Le représentant de la sixième race devra donc développer de nombreuses capacités dont l'homme moderne ne peut que rêver.

Les représentants de la sixième race n'auront pas besoin de développer la production d'équipements militaires. L'art de manier les armes matérielles sera également une chose du passé à la fin de la sixième race.

Premièrement, il n'y aura qu'une seule nation, un seul peuple sur la planète, et il n'y aura plus personne pour se disputer le territoire. Et si nous devons nous défendre contre certains agresseurs cosmiques, les gens utiliseront l'énergie pour se défendre. Les Supérieurs n'attaquent jamais en premier, mais se défendent toujours avec des énergies.

C'est pourquoi il est ridicule de regarder des films de science-fiction décrivant un futur lointain où les Hautes Personnalités s'affrontent avec des fusils, des mitrailleuses (armes matérielles à feu) ou des épées. Les Hauts Personnalités utilisent toujours l'énergie pour faire cela.

L'homme doit apprendre à utiliser les énergies pour sa protection personnelle et pour repousser les coups des autres. Cela implique également l'apprentissage de certaines pratiques, notamment la capacité d'accumuler les bons types d'énergies pour une utilisation ultérieure. Les moyens de représenter le monde qui nous entoure vont changer et, par conséquent, les artistes et tous les métiers artistiques associés auront disparu à la fin de la sixième race. L'artiste ne maniera plus un pinceau pour créer des peintures à l'huile, mais apprendra à créer une beauté extraordinaire à partir d'énergies pures, en les combinant dans des enchevêtrements inhabituels de formes holographiques. Ils apprendront à représenter le monde non pas avec des couleurs, mais aussi avec des hologrammes. Pour cela, il faudra connaître les énergies, ces propriétés qui ne sont pas encore connues de l'homme.

Il y aura toutes sortes de genres artistiques liés à l'exploration des énergies.

Les nuances du développement négatif

Question : Comment les âmes se développent-elles dans une direction négative après avoir été transférées à l'expiration de dix incarnations sous le contrôle d'un Hiérarque négatif ? Après tout, beaucoup d'entre elles restent modestes. De quelle manière se développent-elles dans l'environnement social ?

Réponse : Le Hiérarque Négatif tient compte des Niveaux de développement des âmes transférées et des qualités qu'elles ont déjà acquises. Il (le Hiérarque) a son propre système de construction des situations. Chaque personne, en fonction de son Niveau, est programmée pour un type de crime différent. Par conséquent, une personne est encline à tuer jusqu'au 20ème Niveau, en évoluant dans les qualités négatives. Après le 20e niveau, elle ne sera plus autorisée à tuer sans réfléchir par un Hiérarque négatif, car elle doit encore développer son intellect. Par conséquent, il élaborera pour elle un tel programme, dans lequel elle commencera à agir plus subtilement contre son adversaire, ajustera certaines choses désagréables, la méchanceté envers les individus positifs, empêchera avec leur travail de diverses manières, organisera des provocations, etc. C'est-à-dire qu'elle travaillera de cette manière sur les énergies négatives d'un ordre supérieur.

Un représentant d'une hiérarchie négative peut tout aussi bien continuer à accumuler des énergies négatives dans des combats sans règles, en boxe et dans n'importe quel sport, s'il cherche à gagner à tout prix, et donc en violation des règles établies.

S'élevant encore plus haut dans les niveaux de développement, il  dénigrera quelqu'un dans la presse, falsifiera des faits, les déformera, etc. Les qualités négatives peuvent être acquises par une personne au moyen de toutes sortes de violation des lois et des normes morales. Si un individu vend de la drogue, distribue de l'alcool de contrebande, encourage le sexe et la débauche, il développe également des qualités négatives, car d'une part, son objectif est l'argent à tout prix, mais d'autre part, il porte atteinte à la santé des gens et contribue à leur dégradation morale.

Il y a beaucoup de filles apparemment belles qui viennent d'un Système négatif. Leur but est de séduire les âmes jeunes et instables, de semer l'immoralité parmi elles, de donner à la dépravation (perversion) le statut d'une relation normale. Elles peuvent également semer l'intrigue et dresser un partenaire contre un autre, éveillant en eux la vindicte, l'agressivité et la haine. Les individus négatifs travaillent dans la société pour provoquer les individus positifs et éveiller en eux des qualités et des instincts négatifs qui proviennent du monde animal.

Le but de l'individu positif est de monter les Niveaux de développement, tandis que le but de l'individu négatif est d'entraver cette ascension.

Mais les niveaux moyens et supérieurs développent certains processus négatifs, dont nous avons parlé dans d'autres livres.

Question : Les Substances négatives peuvent-elles utiliser des individus positifs à leurs propres fins ?

Réponse : Oui, c'est possible en ce qui concerne les jeunes âmes. Afin  d'éduquer et de tester les qualités, les Enseignants Supérieurs permettent la provocation des âmes positives, de les confondre afin qu'elles puissent penser, évaluer, choisir. C'est pourquoi les cas de possession, de parasitage de la vie d'un individu positif par certains êtres du plan subtil sont fréquents.

Tout cela est fait pour tester la réaction d'une personne face à des phénomènes inexpliqués, sa capacité à comprendre l'invisible et à se battre pour elle-même et pour les autres. Une personne ne se révèle pleinement que dans des situations mauvaises et critiques, exposant ses vices et ses défauts, alors que dans une vie bonne et tranquille, il est impossible de voir quoi que ce soit de mauvais en elle.

Par exemple, deux amis partent en voyage sur un bateau à moteur. Le bateau coule, et l'un des amis prend la bouée de sauvetage de l'autre pour se sauver. En conséquence, l'autre se noie. Ce qui s'est passé entre eux semblait n'être vu par personne. Mais les Enseignants Célestes de ces personnes en ont été témoins, cela a été enregistré sur la vidéo de leur vie.

On peut demander aux Supérieurs : "Pourquoi avez-vous coulé le bateau et tant de gens ?" Mais peut-être répondront-ils : - Uniquement pour créer une situation critique et trouver de la méchanceté chez l'un de ses disciples. Dans une vie paisible ordinaire, il n'aurait jamais causé la mort d'un ami, mais dans une situation critique, par crainte pour sa vie, il l'a fait.

Les Supérieurs voient la vie et la mort différemment de l'homme. Ils  savent que son âme est éternelle, donc ils lui donnent de nombreuses situations à l'issue mortelle, pour qu'elle apprenne à ne pas avoir peur de la mort, à faire le bon choix (parce que l'homme qui se noie aurait pu donner la bouée de sauvetage à son ami, se sacrifiant et commettant un acte noble au lieu de la mesquinerie, mais il ne l'a pas fait), à apprendre à comprendre les autres.

Par conséquent, pour répondre à la question posée, il n'est même pas nécessaire que des Substances négatives du plan subtil provoquent une personne, il suffit parfois d'organiser une situation de test pour deux personnalités positives et les actions de l'une peuvent devenir dirigées contre l'autre.

Par exemple, l'un de nos lecteurs s'est plaint que dès qu'il s'asseyait pour lire nos livres, sa femme commençait à l'importuner avec une course quelconque : réparer la fermeture éclair de sa botte, sortir la poubelle ou accrocher une étagère au mur. Et comme cela s'est produit exactement pendant qu'il lisait nos livres, il a commencé à se demander si sa femme n'appartenait pas à un Système négatif, puisqu'elle faisait obstacle à la cause de son éclaircissement et de son ascension. Avant cela, il l'avait toujours considérée comme une personne positive et décente. Alors, qu'est-ce qui se passe ici ? Quelle est la bonne façon de considérer de telles provocations ? Il s'avère qu'un individu positif se met en travers du chemin de l'autre.

Si l'on considère la situation du point de vue de l'ancien savoir, on peut immédiatement stigmatiser l'homme : "Oui, la femme appartient aux forces obscures, puisqu'elle empêche son mari de poursuivre sa propre ascension".

Mais utilisons toute l'étendue de nos nouvelles connaissances pour expliquer cette situation. La femme de cet homme est vraiment positive et est dirigée par un positif, mais Lui (le Maître céleste de sa femme) se voit confier la tâche - de vérifier ce qui sera plus important dans cette situation pour son mari : la demande de la femme de faire quelque chose dans la maison ou la lecture de littérature spirituelle. En évaluant la situation, les pensées de l'homme seront certainement analysées.

Il est clair que la femme n'était pas intéressée par les livres, la maison, la famille était importante pour elle, donc en raison de son niveau de développement inférieur, elle considérait la lecture de livres par son mari comme une sorte de caprice, un divertissement pour elle-même. Il était donc plus important pour elle de détourner son mari de son occupation "vide" et de lui faire faire quelque chose d'utile pour la famille. Son Déterminant avait l'habitude de provoquer son mari dans le but de savoir ce qu'il préférait. Si le mari répondait immédiatement à la demande de sa femme et faisait toutes ses courses sans se plaindre, cela signifiait qu'il recherchait la paix dans la famille, pour préserver des relations paisibles et chaleureuses. Il a estimé que cela était de première importance. Et ce sont les belles qualités d'un père de famille.

Si, en revanche, il a refusé la demande et a dit : "Je finis le chapitre, je le ferai plus tard", c'est qu'il accordait une importance primordiale à son ascension spirituelle personnelle. Dans ces deux cas, cependant, il ne s'est pas heurté ou disputé, ce qui est en soi une chose positive. Dans le premier cas comme dans le second, il a fait ce qu'il fallait. Mais des qualités différentes sont apparues : dans le premier cas, ce sont les qualités positives de pacificateur et d'obéissance qui ont prévalu, tandis que dans le second cas, c'est la qualité de recherche d'une élévation spirituelle personnelle qui a prévalu.

Une autre troisième option était possible, lorsque le mari se serait disputé avec sa femme, l'aurait accusée de l'empêcher d'apprendre le monde et, en représailles, ne répondrait pas à ses demandes. Dans ce cas, le caractère d'égoïsme aurait prévalu en lui.

Mais ce que les Supérieurs vérifient dans de telles situations n'est au courant (connu) que d'eux. Cependant, ils peuvent très bien utiliser une personnalité positive contre une autre afin de révéler certaines subtilités dans la relation des conjoints ou de déterminer la prédominance de certaines qualités. Mais cela ne signifie pas qu'elle fonctionne à partir (de la part) du Système négatif. Il fonctionne à partir (de la part) des Supérieurs. À travers une situation de vie simple, les Enseignants Célestes identifient les traits les plus caractéristiques d'une personne.

Les âmes tout à fait positives peuvent donc aussi être utilisées pour tester les qualités de caractère des autres.

Question : Les Déterminants Négatifs, qui guident leurs élèves dans la vie, se soucient-ils d'eux, font-ils preuve d'empathie à leur égard lorsqu'ils se retrouvent dans des situations terribles ?

Réponse : Non, il n'y a pas de sympathie ou de compassion pour le disciple guidé par le Négatif. Étant un représentant du Système du Diable, un tel Enseignant Céleste possède un certain nombre de qualités correspondant au type d'âmes donné. Et des qualités telles que la sympathie, le souci de l'autre sont absentes de la matrice de son âme.

Mais cela ne signifie pas qu'Il reste complètement indifférent à son élève. Il s'intéresse à la progression de ses qualités négatives et s'amuse lorsqu'il dégage de la colère, de l'impitoyabilité envers les autres. Il ne s'inquiète pas lorsqu'un disciple est victime d'une catastrophe et se trouve dans un état grave sur un lit d'hôpital, mais Il fera tous les efforts possibles de sa part pour que le disciple se rétablisse, car il doit continuer à exécuter son programme de vie.

Le Déterminant par rapport à la personne dirigée sur Terre fera tout pour qu'elle remplisse le programme et en même temps acquérir un maximum de qualités négatives possibles. Il est important pour lui d'obtenir autant d'énergie négative que possible pour lui-même, car pour Lui, c'est l'équivalent de la richesse. C'est pourquoi Il travaillera avec le disciple dans cette direction. Mais Il ne se souciera jamais de lui, ne s'inquiétera pas et ne compatira pas avec lui.

Question : Les personnes négatives vont-elles poursuivre leur développement dans la race d'or ?

Réponse : À la toute fin de la sixième race, il y aura une humanité sur Terre, et pour la première fois dans ce monde, lorsque les personnalités négatives auront enfin disparu de la société. L'agressif, le mauvais, le méchant, le cruel disparaîtront. L'humanité est fatiguée des personnes stupides et cruelles, des personnes cupides et sans scrupules, qui ne peuvent pas elles-mêmes vivre une vie décente et heureuse et qui empoisonnent la vie de tous ceux qui entrent en contact avec elles.

Et maintenant, expliquons pourquoi les individus négatifs n'auront pas leur place dans la race d'or. En effet, à la fin de son développement, les gens auront des superpouvoirs, ils pourront prévoir les situations de leur vie et, grâce à leur intuition développée, ils pourront éviter de nombreux facteurs environnementaux défavorables et des événements dangereux. L'intuition permet de savoir avec quelle créature il est bon de communiquer et celle dont il faut se tenir éloigné.

Il ne faut pas non plus oublier l'essentiel : les gens cesseront de communiquer par le langage, la communication sera basée sur la télépathie, les gens apprendront à lire dans les pensées des autres. Il ne sera pas possible de cacher ses pensées à qui que ce soit. Serait-il possible pour une personne négative d'exister dans une telle société et d'en faire des intrigues ? Tout sera lu par les représentants de la société et, bien entendu, cette personne sera isolée de tous avant de pouvoir faire quelque chose. Il est impossible qu'un individu négatif puisse exister parmi des personnes ayant une intuition et une télépathie développées.

La race d'or sera composée d'individus très hautement conscients, très hautement spirituels, dotés d'une grande moralité et d'un sens du devoir. D'autres ne seront tout simplement pas inclus. Et pour cela, il y aura un Dernier Jugement. "Jugement dernier", car pour de nombreuses âmes, ce sera le dernier, et après évaluation de leurs réalisations, elles seront soumises à la destruction. Le Dernier Jugement déterminera quelles âmes seront admises dans l'éternité et lesquelles seront détruites ou transférées dans le Système négatif pour l'éternité.

Beaucoup de gens meurent sur Terre en ce moment : dans des accidents d'avion et de voiture, dans des tremblements de terre, des tsunamis, des catastrophes d'origine humaine, des inondations, des incendies, etc. Et ce n'est pas un hasard. Les gens sont désormais pris

dans le tourbillon (vortex) des situations critiques et des événements catastrophiques, qui révèlent tous les côtés positifs et négatifs, tous les vortex de l'homme.

La liberté permet à une personne de faire ce qui lui semble bon. Sans la présence d'aucune restriction (limite), elle se lève de telle sorte que "les oreilles sont tordues en un tuyau" (Sans règles et sans lois, cela se transforme en une stupidité dégoûtante que l'on ne peut ni voir ni entendre et que l'on a honte de cette personne, *note de traduction*). Mais cet arbitraire révèle aussi les âmes défectueuses et toutes leurs faiblesses. Notre monde n'est pas seulement un désordre, c'est un moyen d'abattre les âmes. Elles sont obligées de manifester toute leur négativité et ses dimensions maximales.

Un individu sera jugé sur ses actions pendant une période de liberté totale. Que peut-il se permettre en l'absence de toute sanction ? Que considère-t-il comme le plus important pour lui lorsqu'il n'y a pas de lutte de la presse pour l'idéologie et la moralité ? D'une part, tout est permis, mais d'autre part, il existe des centaines de mécanismes qui permettent à la société humaine de "retourner l'âme".

Ces mécanismes permettent de séparer le "bon grain de l'ivraie", car les éléments défectueux ne doivent pas passer à l'avenir. Il existe un processus de sélection rigoureux. Au jour du Dernier Jugement, les moindres détails de la conduite seront pesés ; les actes et les pensées positifs et négatifs de l'homme seront placés sur la balance, et malheur à celui qui l'emportera sur les négatifs. De telles personnes n'ont aucun avenir dans la race d'or. Toutes ces personnes seront soit décodées en tant que défectueux, soit redistribuées dans les mondes négatifs du Diable.

Séparer le "bon grain de l'ivraie".

Question : Quels sont les autres moyens de séparer le "bon grain de l'ivraie" ?

Réponse : Chaque Niveau de développement a son propre mécanisme d'élimination des âmes. Le but de la séparation du "blé et de l'ivraie" n'est pas de laisser entrer dans l'avenir des âmes vides et sans valeur, mais de séparer les âmes capables de mesquinerie et de méchanceté des âmes nobles et bonnes, afin de transférer certaines d'entre elles vers le Système négatif, et d'en diriger d'autres vers la race d'or.

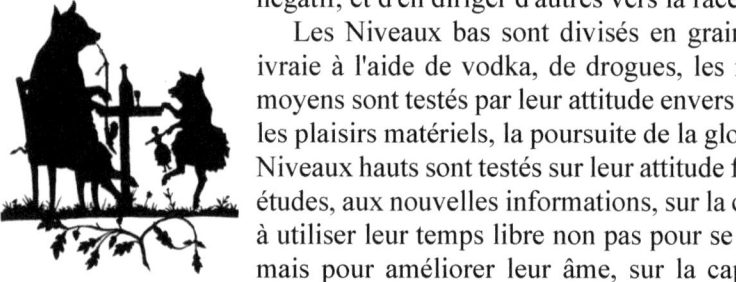

Les Niveaux bas sont divisés en grains et en ivraie à l'aide de vodka, de drogues, les niveaux moyens sont testés par leur attitude envers le sexe, les plaisirs matériels, la poursuite de la gloire. Les Niveaux hauts sont testés sur leur attitude face aux études, aux nouvelles informations, sur la capacité à utiliser leur temps libre non pas pour se divertir mais pour améliorer leur âme, sur la capacité à distinguer ce qui fait avancer de ce qui fait reculer. (il s'agit de mécanismes très subtils que seule une âme développée peut comprendre).

En photographie, il existe un révélateur - un réactif chimique qui transforme une image invisible sur le film en une image visible. Les Supérieurs ont aussi des réactifs similaires.

Une belle manifestation des âmes aspirantes et élevées est l'information qui nous est donnée d'En Haut pour la transmettre à toute l'humanité. Elle est construite sur les hautes énergies de la gamme future, que les âmes devront traverser à l'ère du Verseau. Les textes de nos livres sont à haut potentiel, aucune information n'a un tel pouvoir énergétique, donc ça fait des merveilles : les gens lisent nos livres et certains d'entre eux ouvrent certaines capacités, ils se mettent à écrire des poèmes, des histoires, à dessiner, la voyance s'ouvre, une vision du gamme de couleurs d'énergies Pour certains, l'énergie de l'information franchit le canal de communication vers leur Déterminant, et ils commencent à entendre leur Enseignant Céleste, beaucoup reçoivent la guérison, et ainsi de suite.

Expliquons pourquoi cela se produit.

Lorsqu'une personne assimile des informations, elle assimile de l'énergie. Et parce qu'elle a un énergopotentiel puissant, elle augmente le potentiel total de la personne à une valeur qui permet à l'énergo-impulsion de la personne de s'élever au Niveau de son Déterminant et de devenir aussi un contacteur, recevant de lui les informations de son Niveau.

Lorsque le lecteur découvre une capacité, cela est dû au fait que, encore une fois, la puissante énergie de l'information débloque certaines cellules des qualités de la matrice, et ces qualités commencent à fonctionner ouvertement.

Les facultés de guérison des informations reposent également sur le potentiel élevé des nouvelles énergies qui dynamisent le lecteur, éliminent les ruptures d'aura et exorcisent les maladies grâce à leur puissant énergopotentiel. Mais seules les maladies qui ont un énergopotentiel inférieur sont expulsées. Le traitement des énergies est toujours basé sur la différence des potentiels : le plus grand potentiel déplace le plus petit. S'ils sont égaux, il n'y aura pas de remède. Et pour augmenter son potentiel personnel, il faut acquérir un maximum de haute énergie, c'est-à-dire réaliser et acquérir de nouvelles connaissances par le travail de la pensée.

Le travail de l'âme sur le plan mental consiste à prendre l'information en lisant, à la comprendre. Une lecture réfléchie et la compréhension du sens de ce qui est lu contribuent au fait que la nouvelle énergie des mots est transformée dans la gamme appropriée et assimilée par l'enveloppe mentale de l'homme.

L'énergocorps subtil est rempli d'une énergie élevée, ce qui fait que l'âme sur le plan subtil commence à briller parmi d'autres âmes sombres construites sur la vieille énergie de la gamme inférieure. Les informations précédentes des anciennes théories et des anciens enseignements sont construites sur une gamme inférieure d'énergies, qui ont un énergopotentiel plus faible, car le stade de développement suivant est toujours construit sur des énergies plus élevées que le précédent. Et une faible énergie donne aussi une faible lueur. C'est pourquoi, lorsque les âmes sont remplies de l'énergie de nouvelles connaissances, elles commencent à briller comme des ampoules sur un fond sombre. Et pour les Supérieurs du plan subtil, cela devient immédiatement visible quelles âmes ont accepté leur connaissance et lesquelles continuent à adhérer aux anciens dogmes et canons. Ces derniers sont un défaut dans le développement des âmes, parce qu'une dogmatique ou une personne qui ne veut pas apprendre et qui veut donc suivre un chemin facile, est un défaut, qui doit être corrigé et cela, à son tour, exige de grandes dépenses de la part des Enseignants Supérieurs.

Le refus de la nouveauté finit toujours par être désastreux pour le nihiliste. C'est pourquoi chaque personne doit se rappeler que le nouveau apporte dans son âme une énergie plus puissante que celle qu'elle a déjà acquise grâce à l'ancienne connaissance. Mais comme dans les études, il y a toujours une séquence de maîtrise (succession) des connaissances, une personne doit d'abord passer de l'ancien au nouveau. Et pour qu'il ne se transforme pas en frein, il est nécessaire de l'abandonner à temps et d'échanger les rails sur une nouvelle voie.

Il est étonnant pour les Supérieurs de constater la non-acceptation du nouveau par les dogmes. Cela ne devrait pas être le cas dans la progression de l'âme en cas de construction correcte. Si le nouveau n'est pas compréhensible, par conséquent, le déroulement régulier des processus à l'intérieur des enveloppes subtiles est perturbé et doit être corrigé.

Les connaissances inférieures et supérieures

Question : Qu'est-ce que la connaissance Inférieure et Supérieure ?

Question : Tout ce qui appartient au monde matériel terrestre et aux plans inférieurs porte en lui la connaissance inférieure. Et tout ce qui se trouve au-dessus du plan terrestre, tout ce que les Enseignants Supérieurs donnent à l'humanité sur leurs mondes, appartient à la connaissance Supérieure.

La connaissance ésotérique, en tant qu'information envoyée par les Enseignants de l'humanité, fait référence à la connaissance supérieure. Mais il s'agit de l'ancienne division en Inférieur et Supérieur. Il existe désormais une division plus précise de l'information - par Niveaux, informations de niveau. Chaque Niveau de développement reçoit pour son développement des informations d'une certaine quantité et qualité, qui correspondent au Niveau donné en matière d'accumulation d'énergie.

L'assimilation (acquérir) d'une nouvelle énergie par l'homme se fait sur la base de la compréhension de nouvelles informations, c'est-à-dire que l'assimilation de la connaissance par la compréhension est l'assimilation d'une nouvelle énergie. Mais la connaissance n'est assimilée que si elle est comprise, lorsque le travail de l'esprit se produit lors de son étude. Ce mécanisme est le processus par lequel l'énergie externe (d'en haut) d'information est transformée en énergie mentale et pénètre dans les enveloppes subtiles et au-delà.

Question : Les anciennes théories servent-elles de base aux nouveaux enseignements ?

Réponse : Les anciennes théories sont en effet un détail nécessaire dans l'ascension vers le supérieur, mais pour être précise dans la définition, elles ne sont pas le fondement, mais l'étape précédente, qui doit être pour s'élever plus haut, mais en même temps reste quelque peu à l'écart de la prochaine étape.

Les vieilles idées se survivent généralement à elles-mêmes. Le nouveau n'est pas construit sur des idées passées, mais sur des idées nouvelles. Cela peut sembler être un autre paradoxe de l'univers. Mais à ce stade, il faut aller au bout de ce qui se passe. Les anciennes théories  sont déjà un inférieur, passé dans la gamme de développement des énergies, correspondant à un Niveau inférieur et ne s'élève pas au-dessus des limites qui lui sont attribuées, sinon les contours clairs du niveau sont perdus.

Par conséquent, les théories correspondant aux anciennes énergies restent aux limites de leur gamme. Elles ne peuvent pas s'élever au-dessus. Mais pour créer quelque chose de nouveau sur cette base, le Supérieur envoie d'En-Haut de nouvelles idées, construites sur des énergies de Niveau supérieur, c'est-à-dire une gamme d'énergies plus élevée.

Ainsi, le nouveau doit être construit sur **de nouvelles idées, et non sur d'anciennes découvertes**. Et par rapport aux nouvelles découvertes, il est possible de créer davantage de branches de la connaissance que par rapport aux anciennes.

C'est-à-dire qu'il y a une tendance : sans l'ancien, il est impossible de passer à l'étape suivante du développement, mais en même temps cette transition se fera sur le nouveau contenu. L'ancien est nécessaire pour s'en détacher, et le nouveau pour s'y élever. Et tout cela est lié au mouvement de l'évolution du développement de la gamme inférieure d'énergies vers la gamme supérieure.

Mais d'où vient le nouveau matériel et sur quoi se base-t-il ?

Le développement des idées qui sont envoyées sur Terre est l'œuvre des Substances d'Education (illumination), qui sont dans la hiérarchie de Dieu et qui travaillent directement avec notre planète. Elles préparent des thèmes pour des générations de personnes en fonction de l'évolution de leur âme. L'idée donne lieu à de nouvelles théories. Mais tout se construit sur les nouvelles énergies de l'étape suivante du développement. Le spectre énergétique supérieur est maîtrisé, et seules les informations du Niveau approprié peuvent y être formées, c'est-à-dire qu'une partie des anciennes informations est transformée en nouvelles informations, et une partie est complètement reléguée dans le passé en raison de son inacceptabilité.

Les Substances d'illumination créent de nouvelles informations sur les énergies du Niveau supérieur et les transforment en idées qui sont ensuite envoyées sur le plan inférieur, où elles sont reçues par des âmes entraînées et développées en connaissances compréhensibles pour l'humanité.

Certaines personnes progressent en développant de nouvelles théories et de nouveaux enseignements sur la base des idées reçues d'En Haut, tandis que d'autres, qui sont incapables de les créer, progressent en assimilant une nouvelle gamme d'énergies par la compréhension de ces théories et enseignements.

Nous devons également rappeler ici que le lecteur progresse également en comprenant les informations contenues dans nos livres, car il enrichit ses enveloppes subtiles d'une nouvelle gamme d'énergies d'un Niveau supérieur. Chaque type d'énergie supérieur brille davantage que le type inférieur. C'est pourquoi les Supérieurs peuvent très bien voir de leur hauteur qui des personnes s'illumine littéralement de la nouvelle connaissance. Sur le fond du spectre sombre et bas des énergies du stade de développement précédent, que de nombreux représentants de la cinquième race ont assimilé, des spécimens encore rares avec les énergies de l'avenir, du spectre plus élevé, sont apparus. Et cela les distingue immédiatement, mais aussi dans la cohorte des individus progressistes.

Les Supérieurs aiment qu'une personne apprenne de nouvelles choses par elle-même et progresse donc, sans aucune mesure coercitive de leur part. Toutes ces âmes sont généralement encouragées par Eux ensuite.

À propos du bonheur

Question : De quoi une personne a-t-elle besoin pour être heureuse ?
Réponse : Les gens ont souvent besoin de choses opposées pour être heureux. Parce que le bonheur est individuel. Ce qui rend une personne malheureuse peut rendre une autre personne heureuse. Par exemple, un psychothérapeute a dit que les gens viennent le voir avec des plaintes différentes. L'un d'eux dit : "Je ne suis pas heureux parce que je n'ai pas d'enfants". Une autre se plaint : "Je suis malheureuse parce que j'ai des enfants et qu'ils me torturent avec leur mauvais comportement". Une femme souffre de ne pas avoir de mari, une autre souffre d'avoir un mari qui lui apporte beaucoup de problèmes. Tout ceci suggère que la même chose ne peut pas être le critère de référence pour tout le monde.

Le vrai bonheur est éphémère et s'exprime par le sentiment de satisfaction d'avoir atteint ce que l'on recherche à un moment donné. Même pour la même personne, la notion de bonheur change de temps en temps. Au début, la fille sera heureuse de se marier, mais s'il s'avère que son partenaire ne la satisfait pas selon certains critères, alors ce sera le bonheur pour elle de divorcer et de trouver la paix. Et pour ceux qui aiment les achats de toutes sortes, le bonheur sera fréquent et éphémère, il durera aussi longtemps qu'ils auront l'argent pour acheter.

Le bonheur est toujours un sentiment associé à la réalisation de ses mini ou maxi objectifs. Il peut être petit ou grand, faible ou important, il peut être réalisable ou irréalisable, en fonction des objectifs.

Sur la débauche

Question : Quelle est la différence entre les relations sexuelles entre époux au sein de la famille et dans une relation libre, un comportement appelé débauche ?
Réponse : La relation entre les époux est construite sur une base légale, la famille a un but d'existence et donc tout en elle est subordonné à l'élévation de l'autre dans le développement spirituel. La relation entre les époux est généralement basée sur des sentiments qui produisent des énergies positives. Il y a toujours un échange mutuel entre les époux, chacun d'eux reçoit de nouvelles énergies de l'amour. Les énergies de la femme vont vers le mari, et du mari vers la femme.

Dans les relations illégales, de nombreux aspects négatifs de la personne sont toujours impliqués, il y a un développement intense de qualités négatives et, par conséquent, d'énergies négatives. Lorsqu'on a des rapports sexuels avec un partenaire illicite, la relation devient une relation de débauche. Et les mêmes actions qu'une personne accomplit légalement dans la famille sont maintenant transformées en actions négatives, car elles ne sont pas prévues par Dieu et ne sont pas légales, de sorte que le processus lui-même est inversé. C'est-à-dire qu'au lieu de faire du bien, elle apporte des choses négatives à une personne.

Les débauchés ont **un vidage de la matrice**, elle perd presque tout le contenu qu'elle avait, n'ajoutant absolument rien de nouveau.

La dépravation (débauché) ne donne pas d'échange, puisque le couple n'est pas scellé par l'union de la spiritualité. Le mariage est une sorte de bénédiction venant d'En Haut. Elle s'exprime dans l'association de ceux-ci par des énergies et des mécanismes particuliers. Ceux-ci sont remis à chaque couple qui forme légalement une famille. Ce sont des mécanismes subtils dont on n'a pas conscience, mais qui unissent les amoureux par une aura commune et permettent cet échange mutuel. Les personnes qui ne sont pas liées par des liens familiaux, et donc légaux, ne disposent pas d'un tel mécanisme et d'une telle aura. Elles ne sont tout simplement pas données d'En-Haut aux personnes se livrant à des relations libres.

Il y a toujours des mécanismes qui fonctionnent au sein d'une personne pour séparer le mauvais du bon, le bas du haut. Pour les raisons indiquées, dans un couple débauché, l'énergie de la matrice n'est pas échangée, c'est-à-dire qu'elle ne passe pas de l'homme à la femme et vice versa, mais s'échappe. Seuls l'amour et l'union spirituelle des époux sont capables de la retenir et de la canaliser dans les enveloppes subtiles de l'homme. Et comme il n'y a pas d'union nécessaire, les énergies sont incapables de pénétrer dans les structures de l'autre dans le processus d'échange mutuel et s'envolent. D'où la vidange des cellules.

Ce mécanisme inverse a été spécialement mis en place par les Maîtres Célestes pour faire face aux personnes ayant une faible moralité. De telles personnes sont dégradées. La question de savoir ce qu'il convient de faire avec une telle âme est examinée par le Juge d'En Haut. Ainsi, beaucoup de choses qui, à première vue, semblent être les mêmes et n'avoir aucune différence, cachent des pièges sur lesquels de nombreuses âmes sont brisées.

L'interprétation des situations de vie

Question : Est-il possible d'interpréter certaines entraves à certaines actions comme un signe d'En Haut indiquant qu'il ne faut pas le faire ?

Réponse : Les obstacles peuvent être perçus de deux façons : d'une part, comme des signes vous incitant à ne pas faire quelque chose qui empêche la bonne exécution de votre programme de vie ou de celui de quelqu'un d'autre, ou, d'autre part, comme des obstacles provenant de forces négatives vous empêchant de faire quelque chose d'utile pour les autres. Mais il est préférable de considérer cela à l'aide d'un exemple.

Par exemple, un frère aîné, travaillant dans une autre ville, allait envoyer à son jeune frère de l'argent pour ses études. Mais lorsqu'il s'est rendu au bureau de poste, le bus qui l'emmenait au bon endroit est tombé en panne en cours de route. Et le frère aîné l'a immédiatement remarqué. Quand il est arrivé au bureau de poste, il y a eu une interruption et il a dû attendre à nouveau. De nouveau, le frère aîné pensait avoir reçu un second signe. Mais il a quand même attendu que la pause soit terminée. Mais il y avait une longue file d'attente au bon guichet, et lorsqu'il était sur le point de prendre le formulaire pour indiquer l'adresse, il a constaté que les bons formulaires étaient épuisés. Et puis ce frère aîné a décidé de constater que les Supérieurs ne voulaient pas qu'il envoie de l'argent à son jeune frère, parce qu'il devait apprendre à le gagner lui-même. Il a pris cela comme un signe que les Maîtres Célestes voulaient que le plus jeune ne parasite pas le frère aîné. Il n'a donc pas envoyé d'argent à son frère et pensait avoir fait le bon choix.

Au même moment, dans une autre ville, la situation du frère cadet était telle qu'il ne pouvait pas payer ses frais de scolarité et a dû quitter l'établissement.

Cette situation a été mal gérée par le frère aîné, avec pour résultat qu'ils ont tous deux souffert. En fait, ce ne sont pas des signes d'En Haut qui ont été donnés au frère aîné, mais des interventions de forces négatives. Il était sur le point de faire une bonne action, mais les forces négatives se mettaient en travers du chemin, comme on dit, en mettant des bâtons dans les roues. Ici, la situation mettait à l'épreuve à la fois sa patience et sa réflexion, pour savoir s'il allait juger correctement les circonstances.

Il a dû faire preuve de patience et surmonter tous les obstacles. Mais les gens prennent souvent leurs propres épreuves pour des signaux d'alarme, pour des conseils pour ne pas faire quelque chose. S'il devait voyager en train quelque part et qu'il y avait des interventions comme celle-ci, cela aurait pu être une sorte d'avertissement. Le train aurait pu avoir un accident ou des problèmes l'attendaient à l'autre bout de la voie, ce qu'il aurait pu éviter en ne s'y rendant pas. Mais cet homme allait faire une bonne action. C'était le point essentiel de la situation. Il voulait aider quelqu'un d'autre. Et seules les Forces négatives s'opposent toujours activement à la bonté et à l'aide.

Le jeune frère, quant à lui, n'avait pas seulement besoin de cet argent pour vivre (où il pouvait le dépenser en vin et en plaisirs), mais aussi pour étudier. En raison du manque d'argent, il a été contraint de rester sans éducation supérieure. Ce faisant, les Forces négatives ont obtenu un autre résultat souhaité pour elles-mêmes - elles ont entravé le progrès de l'âme de ce jeune homme.

Ainsi, après avoir mal résolu cette situation, le frère aîné n'a pas développé la bonne qualité de concepts dans sa matrice (la situation a été mal interprétée par lui), n'a pas fait de bonne action et a accumulé du karma, car il a refusé d'aider le nécessiteux. De plus, le frère cadet, sans apprentissage, est passé sur la version basse de son programme. Et s'il avait étudié, il aurait choisi la voie supérieure. Ainsi, les Forces négatives ont obtenu un double résultat pour elles-mêmes d'un seul coup.

Ou laissez-moi vous raconter un cas de notre vie.

Si nous écrivons un livre qui est particulièrement capable d'influencer le développement d'une personne, toutes sortes d'événements mystiques commencent à nous arriver. Ainsi, lors de la rédaction du livre "Le Phénomène de l'Âme" de la série "Magie de la Perfection" a été écrit, qui parle spécifiquement des méthodes d'éducation des âmes positives et négatives et des voies menant aux systèmes d'opposition, alors quand le livre a été déjà complètement terminé, il a soudainement disparu complètement 4 chapitres. C'était un coup des ténébreux. Ils ne voulaient pas qu'une personne sache quels chemins spécifiques mènent à eux.

Il était impossible de tout reconstituer à partir des brouillons dans une meilleure version, car c'est dans le premier brouillon que l'on met toute son âme, et la meilleure façon de donner un sens à tout ce que l'on a écrit.

Eh bien, conscients de cette intervention des Forces négatives dans nos activités, nous faisons des versions répétées de la gravure de livres sur CD à partir de l'ordinateur. Cela nous a permis de retrouver un brouillon du livre et de le retravailler. Mais il lui manque déjà les conclusions globales et les clarifications intéressantes qui font l'importance du livre. Les idées viennent au moment de l'édition du contenu sémantique d'un livre, et on ne peut les saisir qu'une fois. Si une idée n'est pas fixée dans le temps, elle disparaît sans laisser de traces. Il n'a donc plus été possible d'intégrer dans la deuxième version du livre les idées qui sont apparues lors de la révision des textes du premier livre. Une deuxième version du "Phénomène de l'âme" a donc dû être remise aux éditeurs.

On aurait pu penser que ces signes viennent du Supérieur, indiquant que ce livre est déjà superflu, que le lecteur a reçu suffisamment d'informations et qu'il doit les assimiler. Mais nous avons considéré ce qui s'est passé correctement - cette information empêche les Forces négatives d'attirer les âmes à elles.

Ou, par exemple, deux livres sont actuellement en cours de traduction en anglais. Et cela signifie que l'autre moitié de l'humanité sera éclairée et sauvée. Ce n'est pas avantageux pour les obscurs, ils perdent beaucoup d'âmes. Ils ont donc commencé à mettre des bâtons dans les roues de nos traducteurs. Certains étaient tellement surchargés de problèmes qu'ils n'avaient plus de temps pour la traduction, certains traducteurs ont perdu les textes qu'ils avaient déjà traduits, et c'est un choc pour les traducteurs, car ils ont perdu le travail dans lequel ils avaient mis tout leur cœur et tout leur corps. Certains traducteurs ont décidé qu'ils avaient contacté des auteurs négatifs et ont abandonné le travail. Ils ont mal décidé de la situation, ils n'ont pas pensé que les sombres seraient assaillis juste parce que ces livres sauveraient l'autre moitié de l'humanité.

Par conséquent, il ne suffit pas d'être capable de voir les signes secrets. Il est également nécessaire de ne pas les confondre avec les interventions des forces obscures et d'être capable d'évaluer correctement les positions finales de tous les participants dans une situation donnée, sans oublier les forces négatives. Autrement dit, si la situation implique une bonne action et le développement de qualités positives, tous les "signes" peuvent être considérés comme des machinations des forces obscures empêchant l'ascension de la personne.

L'approche de la vérité

Le lecteur apprend la vérité en assimilant les informations par petites quantités qui lui sont compréhensibles. Il n'a pas encore de nouvelles connaissances stables dans sa mémoire, il est donc confus et incapable d'utiliser ces nouvelles connaissances dans sa vie. Il est incapable de donner un sens aux situations sans comprendre ce qui est bon et ce qui est mauvais, quelle direction il doit prendre. Cette confusion est due au fait qu'il/elle n'a pas entièrement saisi un groupe de connaissances dans la nouvelle matière. Lorsqu'une personne lit un livre, il lui semble que tout est clair et simple. Mais s'il ne parvient pas à transmettre ces nouvelles connaissances dans la vie, cela signifie qu'il ne les a pas encore assimilées et qu'il doit les travailler en profondeur.

Je vais donner l'exemple d'un lecteur qui prétendait tout comprendre dans les livres, mais qui n'arrivait toujours pas à comprendre pourquoi son proche malade avait choisi de se faire soigner par les herbes plutôt que par les médicaments chimiques. Il a compris la vérité progressivement, à travers une série de questions.

 Il cherchait à comprendre ce qui se passait et a donc demandé plusieurs fois, on pourrait dire la même chose, sans pouvoir formuler correctement la question de ce qu'il voulait savoir. Mais son désir non seulement d'obtenir une réponse mais aussi de comprendre la situation est louable. Voici, par souci d'intérêt, comment il est allé au fond des choses.

Question : Notre proche a un cancer mais ne veut pas être traité par chimiothérapie. Il boit des herbes et pense que c'est suffisant.

Réponse : Vous savez que la médecine moderne n'a pas suivi la voie de développement qui était souhaitée par le Haut (Supérieur). L'homme a dû apprendre à se soigner d'abord avec des herbes, des pierres, des exercices physiques, puis avec des énergies. Et il a choisi pour lui les poisons et la chirurgie, qui ne guérit pas mais estropie, coupant tout ce qui est malade et douteux et empoisonnant le corps. La chimiothérapie ne fait pas tant de bien que de mal. Tout le monde n'est pas capable de l'endurer. Donc, intuitivement, votre proche a choisi la bonne voie de traitement en buvant des infusions de plantes. Il est toujours nécessaire d'essayer différentes possibilités de traitement

Question : Mais les médecins ont dit qu'il ne lui restait plus beaucoup de temps à vivre et que les herbes ne l'aideraient plus. Avons-nous le droit de lui faire prendre ce médicament ?

Réponse : Non, vous n'avez pas le droit de le forcer. Vous pouvez le persuader, présenter quelques arguments en sa faveur, mais pas plus. Chacun a la liberté de choisir et n'a pas le droit de forcer un autre à faire ce qu'il pense être juste et a une opinion à ce sujet.

Question : Mais il va mourir si vite. Nous ne pouvons pas supporter ça.

Réponse : Les herbes sont maintenant bien étudiées par les gens. Par conséquent, la menace peut résider dans le fait que votre proche malade ne connaît pas suffisamment les propriétés médicinales des plantes et celles qui seraient les plus efficaces dans son cas. Il se peut donc qu'il ne prenne pas des herbes assez fortes pour son stade ou qu'il prenne les erreurs de dosage. Cela le menace de ne pas pouvoir arrêter la maladie.

Question : Mais alors, comment cela devrait-il être ?

Réponse : S'il est fermement sur le traitement à base de plantes et inébranlable dans sa décision, vous devez alors trouver un herboriste de haut niveau - un herboriste et le consulter au sujet du traitement.

Question : Mais les médecins disent qu'il n'y a plus de temps pour les traitements à base de plantes.

Réponse : La bonne solution prolonge toujours la vie d'une personne. Les Supérieurs donnent à chaque personne la possibilité d'être récompensée pour avoir résolu la situation correctement. Par conséquent, si vous l'aidez à trouver la bonne solution à son problème, le malade sera sauvé.

Ce n'est qu'après cette réponse que le lecteur a été satisfait de la réponse et qu'il a tiré quelques conclusions pour lui-même. Bien sûr, il ne comprend pas encore pourquoi la médecine a fait fausse route pour sauver l'homme et pourquoi c'est le patient qui a raison et non ses proches, mais le temps et la connaissance remettront tout à sa place. Ce n'est qu'en étudiant attentivement les informations contenues dans nos livres qu'il pourra abandonner les vieilles idées sur les traitements possibles et apprendre à choisir pour lui-même et ses proches les méthodes de salut les plus sûres.

- - -

Dans une telle situation, lorsque les médecins ont prédit la mort imminente d'une personne, il est difficile de prendre la bonne décision. Qui a raison : les proches, qui ne se fient qu'à la médecine, ou le patient lui-même, qui a choisi son propre traitement ?

En ce qui concerne la réalisation du programme de vie personnelle, la personne malade avait raison. Mais les proches n'ont pas compris que parfois le bon chemin ne mène pas à la vie, mais à la mort. Le patient a choisi intuitivement la voie du traitement que toute notre médecine aurait dû suivre dans la version non technocratique du développement.

Comment le mot (parole) guérit

Question : Comment un mot (parole) peut-il guérir ?

Réponse : Des mots différents transmettent des énergies différentes : faible, élevée, positive, négative. En outre, il faut tenir compte de la structure particulière des textes. Les harmonisations, les prières, les mantras ont des structures énergétiques différentes et le degré de leur influence sur les personnes de différents niveaux varie.

Les gens de différentes nations parlent leurs langues uniquement parce que (ce pour quoi les langues ont été inventées) chaque nation sur Terre travaille avec sa propre gamme d'énergies et tous les mots de leur langue sont construits sur cette gamme. Une langue doit exprimer les énergies d'une nation. Tous ses mots sont construits sur un spectre approprié d'énergies : les Kazakhs auront des mots construits sur un spectre d'énergies, les Yakoutes sur un autre. Les langues internationales comprennent des mots opérant sur de multiples spectres d'énergies.

Le multilinguisme était nécessaire lors de la division de l'humanité en nations et nationalités, pour travailler individuellement avec de multiples gammes d'énergies. Il y a autant de langues qu'il y a de spectres d'énergies.

Aujourd'hui, le processus inverse est en cours - les nations disparaissent, l'humanité deviendra progressivement une seule nation universelle et toutes les langues disparaîtront à nouveau. Nous en parlons afin de comprendre que le mot est créé par les Créateurs Supérieurs, qu'il est construit sur une certaine énergie et qu'il a donc sa propre qualité et son propre potentiel énergétique, sa propre puissance. Il existe des mots à faible énergopotentiel et des mots à fort énergopotentiel. C'est de là que vient le pouvoir d'un mot, qui est expliqué plus en détail dans notre livre Les lois de l'univers (La parole en tant que loi, vol. 2).

Il y a des mots construits sur des énergies subtiles élevées et d'autres construits sur des énergies physiques grossières. Il est compréhensible qu'une personne inférieure, du fait qu'elle résonne avec une gamme basse, utilise des mots grossiers qui ont un effet destructeur sur la structure physique, du fait qu'elle en est aussi proche que possible en termes d'énergie.

L'effet des mots sur les conditions de vie est basé sur des codes. Un mot est une expression numérique de l'énergie, et un nombre exprime certains types d'énergies et leurs combinaisons. Un mot contient plusieurs combinaisons d'énergies, qui forment son pouvoir et sa capacité à influencer tous les êtres vivants.

Mais si l'on pénètre énergétiquement dans les profondeurs d'un mot, celui-ci est d'abord constitué de sons, qui, sur l'énergoplan, sont exprimés par des nombres qui concentrent l'énergie du mot en codes. Les différents mots d'une même langue ont des structures et un pouvoir d'influence différents, ils affecteront donc l'être vivant à des degrés différents.

Le facteur humain s'ajoute au mot : l'intonation d'une personne, le potentiel de son âme. Par conséquent, le même mot prononcé par une bonne et une mauvaise personne aura un effet différent, par exemple sur une fleur. De plus, les bons et les mauvais mots prononcés par une personne ne l'affecteront pas de la même manière.

Les mots négatifs, avec leur énergie négative et faible, brisent l'aura, qu'il s'agisse d'une personne ou d'une fleur. Le champ de protection est rompu par des mots mauvais et grossiers, ce qui entraîne une détérioration supplémentaire de la santé et du bien-être. L'aura des personnes qui utilisent un langage grossier s'avère être recouverte de toutes sortes d'entités négatives, ce qui les pousse souvent à commettre de mauvaises actions. Pour ces personnes, afin d'améliorer leur bien-être, il est nécessaire de se rendre à l'église, dans son champ énergétique, et lire des prières, qui sont précisément conçues pour purifier une personne.

L'énergie des mots positifs soigne l'aura, comme pour guérir les blessures. Elle (l'énergie) nourrit également le biochamp et un mot gentil a donc un effet curatif. Des bonnes phrases correctement de mots aident d'une certaine manière à influencer les enveloppes subtiles du patient, en supprimant leurs défauts, ce qui contribue à améliorer la santé. Et les prières, les mantras qui sont toujours construits sur des énergies positives élevées ont un effet curatif encore plus grand. Ils nettoient également les enveloppes subtiles d'une personne des parasites qui aspirent son énergie subtile, harmonisent son aura et nourrissent son énergie.

L'organisme du patient doit être traité avec les mots à effet thérapeutique, mais il est important que les mots soient choisis de telle sorte que leur énergopotentiel total dépasse le potentiel du patient lui-même. Si le potentiel du patient est supérieur à celui des mots sélectionnés, alors les mots n'auront aucun effet positif sur le patient. Il est important de prendre en compte les potentialités du patient et les moyens par lesquels il est traité.

L'accessibilité des informations cosmiques à l'homme

En lisant telle ou telle littérature, on est constamment confronté à l'idée qu'il y a une infinité d'informations à tirer du cosmos.

C'est une opinion erronée. Aucun état d'une personne : transducteur, contacteur ou autre - ne lui permet de recevoir des informations de l'espace en quantité illimitée et sans fin. Il y a un certain nombre de raisons à cela. Elles sont les suivantes.

Premièrement, la réception et la disponibilité des informations sont liées à la construction intérieure d'une personne, à ses qualités. Elle ne peut pas recevoir d'informations d'un plan supérieur tant qu'elle n'a pas complètement compris les informations de son Niveau, ce qui signifie - tant qu'elle n'a pas construit dans sa matrice de Notions les structures énergétiques, requises pour son Niveau de développement, qui forment son bagage de connaissances personnelles et créent l'énergopotentiel de son âme, lui permettant de recevoir des informations du Niveau suivant.

Le contenu qualitatif des matrices ne permet pas à un être humain d'accepter l'information des sciences exactes : connaissances mathématiques, physiques, chimiques. Pour accepter cette dernière, il est nécessaire d'avoir une personne qui a développé des qualités appropriées dans la matrice des concepts. Et le même mathématicien ne sera pas en mesure d'accepter les connaissances sur la philosophie d'En Haut, car il lui manque d'autres qualités. C'est-à-dire que chaque personne a sa propre façon d'accepter l'information.

Deuxièmement, toute connaissance est prise en fonction d'un énergopotentiel de l'âme d'une personne. Chaque Niveau possède son propre énergopotentiel de connaissance. Si une personne a atteint le dixième niveau, elle recevra des informations correspondant à l'énergopotentiel du dixième Niveau. Si une personne a atteint le 20e niveau, elle recevra des informations sur ce Niveau, etc. Un mathématicien d'un faible niveau de développement pourra recevoir d'informations correspondant à son profil, mais pas celles se situant plusieurs Niveaux au-dessus de son développement. Un élève de première année ne sera pas non plus capable de répéter ce que le professeur a dit en classe de mathématiques de cinquième année.

Comment l'âme se construit-elle le bon potentiel ?

Le côté qualitatif de l'âme se forme sur la base de la compréhension d'un type de connaissance au cours de plusieurs incarnations. Quant à la formation du potentiel, elle est composée de la somme des potentiels des qualités qui construisent les types d'énergies respectifs.

L'énergie est assimilée sous forme d'information ou de toute connaissance après compréhension. Elle entre dans les cellules de la matrice et y construit les concepts correspondants. L'énergie qui pénètre dans la matrice des notions et dans l'enveloppe mentale forme l'énergopotentiel, qui affecte la connaissance ultérieure du monde par un homme. Et c'est lui (l'énergopotentiel) qui déterminera le niveau d'information qu'il sera capable de percevoir plus tard.

En fait, la compréhension de la connaissance est la formation d'une chaîne successive de connaissances de type niveau avec des connaissances déjà accumulées dans la matrice. Si un individu apprend la chimie de vie en vie et souhaite ensuite comprendre les calculs astronomiques de la plus haute classe, il n'y parviendra pas, il n'aura aucune compréhension.

Sur la base de cette analogie, on peut comprendre que pour toute information, il faut être préparé par son propre développement évolutif. Et si elle est basse, il ne comprendra rien de haut. Il ne pourra accepter que des informations à la hauteur de son Niveau et correspondant en qualité aux cellules de sa matrice de Concepts.

Quelles informations une personne va-t-elle obtenir dans le domaine de l'information ? Ce qu'il ne comprend pas ? C'est ainsi qu'il espère faire des découvertes. Il se connecte au champ d'information, et fait une découverte après l'autre. Mais est-il capable de comprendre ce qu'il va recevoir ? La conversation doit généralement se dérouler sur un pied d'égalité afin de se comprendre.

Pourquoi un jeune homme, fraîchement sorti de l'école, est-il incapable de comprendre les informations d'un universitaire ? Vous direz - il n'a pas les bonnes connaissances. Et c'est ainsi. Mais tout le monde ne sera pas en mesure d'atteindre la compréhension des connaissances d'un universitaire en une seule vie. Il s'avère que cela nécessite un niveau de développement approprié de l'ancien élève. S'il s'agit d'une jeune âme, elle devra passer par plusieurs incarnations, tout en apprenant constamment, et en construisant ainsi le potentiel énergétique de la connaissance personnelle. Et lorsqu'elle atteindra le Niveau de développement d'un universitaire, ce n'est qu'à ce moment-là qu'elle sera en mesure de maîtriser également ses connaissances.

Mais c'est ainsi que vont les choses dans la société humaine.

Si un individu faible, qui a peu connu dans la vie, reçoit de nouveaux théorèmes de géométrie par contact ou dans un état de transe (transducteur), ou envoie des découvertes en physique, sera-t-il capable de comprendre ce qu'on lui dit ? Un élève à l'école est également présenté avec de nouvelles connaissances, mais comme il est difficile pour lui de les apprendre !

L'effort qu'il faut fournir pour comprendre un processus physique ou chimique, pour apprendre une règle en russe ou dans une langue étrangère. Aucune règle simple, et encore moins un théorème ou un simple article de biologie, ne peut être répétée par un élève à une autre personne jusqu'à ce que celle-ci comprenne de quoi il parle. La mémorisation est liée à la compréhension.

Il en va de même pour la connaissance cosmique, que l'on ne peut pas raconter correctement tant qu'on ne l'a pas comprise. Sans compréhension, l'information devient inaccessible à l'esprit ou bien elle devient une fausse information, un amalgame des inventions de l'individu et de ses anciennes connaissances. Peut-il extraire de nouvelles informations d'une simple pierre posée sous ses pieds ou d'un arbre poussant dans un jardin ? En vertu des connaissances passées qu'il a apprises dans les livres, il peut parler des processus physiques et chimiques qui s'y produisent, mais il ne peut pas comprendre l'essence de leur être ou la structure du plan subtil, car il lui manque cette connaissance.

Troisièmement, toute personne, pour acquérir des connaissances, est toujours connectée non pas au champ d'information, mais à son Déterminant, et c'est lui qui contrôle la mise à disposition de la quantité nécessaire d'informations pour elle.

Et **quatrièmement**, il y a aussi la compatibilité potentielle de toute la matière. Les informations de différents Niveaux portent des potentiels d'énergie différents. Un contacteur de bas niveau n'est pas en mesure de percevoir des informations de haut niveau pour des raisons purement techniques, c'est-à-dire l'incapacité d'un potentiel inférieur à accepter et à retenir un potentiel supérieur. En les recevant, il sera soit incapable de l'accepter totalement et de la décoder, soit de l'accepter partiellement avec de fortes distorsions, soit tout simplement d'avoir un épuisement des structures subtiles, qui se manifestera par des troubles mentaux (folie).

Les contacteurs de bas niveau se contentent généralement de laisser tomber le puissant potentiel afin qu'il ne les brise pas, déclenchant ainsi leurs mécanismes de défense.

Les informations sont transmises à une personne sous la forme de blocs d'énergie, qui doivent être acceptés (c'est-à-dire gardés avec eux, sans pouvoir s'envoler ailleurs), elle doit les décrypter (et cela nécessitera un plus grand potentiel pour ouvrir un plus petit). Il faut aussi qu'elle ait ses propres concepts cosmiques pour pouvoir traduire ce qui a été transmis d'En Haut. C'est comme les traducteurs tout de même. L'un a des connaissances scolaires de la langue, l'autre des connaissances universitaires et l'autre une expérience pratique. Il est clair que le traducteur qui a un diplôme universitaire et une expérience professionnelle traduira de manière plus complète et plus compétente. Il en va de même pour les traducteurs de contact. C'est pourquoi seule une âme formée est capable de traduire les informations reçues de la manière la plus correcte.

- - -

L'homme doit se rappeler que les nouvelles informations sont données à l'humanité d'En Haut par les Enseignants de l'humanité. Elles nous viennent du monde subtil et les nouvelles découvertes et connaissances ne sont données qu'aux âmes préparées qui ont construit leurs cellules matricielles dans des qualités appropriées, ce qui leur permet de comprendre tout ce qui leur est donné d'En Haut.

Il faut aussi se rappeler que les connaissances données ne sont pas infinies pour une civilisation. Chaque race reçoit une quantité strictement définie de connaissances pour une ère, et tant qu'elles n'ont pas été assimilées par la majorité de cette race, aucune nouvelle connaissance ne sera donnée.

Parmi les membres de la race, le Système positif doit préparer pour lui-même un nombre d'âmes strictement défini, et le Système négatif pour lui-même. De plus, le système médical a besoin d'un nouveau personnel. Et ce n'est que pour préparer les âmes du nombre et de la qualité requise que de nouvelles informations sont données. Toutes celles qui ne les auront pas assimilées et qui n'auront donc pas rempli leurs cellules de la matrice de certains types d'énergies seront qualifiées d'âmes défectueuses et feront l'objet d'un décodage.

L'information que l'homme crée pour les générations futures est modelée par lui sur la base de la connaissance qui, un jour, descend d'En Haut vers l'humanité. Il a le sentiment de générer lui-même des choses nouvelles et que ses théories seront utiles aux autres. Mais le temps change les besoins de l'esprit en matière de connaissance, de sorte que ce qui a déjà été utilisé une fois pour le progrès des âmes devient obsolète et ne peut plus être utilisé pour le progrès des civilisations ultérieures. **L'information est le support du temps et des énergies, chaque temps correspond à sa propre information. S'il n'y a pas de correspondance, il n'y aura pas de progrès.**

Et, bien sûr, nous devons rappeler à l'homme un autre fait : les découvertes et les théories humaines n'ont aucune valeur pour les Supérieurs, car elles (les théories) sont d'abord créées par Eux-mêmes dans les Célestes et sont ensuite envoyées aux êtres humains. Toute information est créée par les Supérieurs, et pour différents états vivants, elle sera différente, incompréhensible pour d'autres états.

Les informations ne sont pas données pour la gloire de l'individu ou pour s'élever au-dessus des autres avec elles, mais pour le développement des âmes. Chaque période de développement nécessite une certaine quantité d'informations qui est limitée par la capacité de l'âme de la race donnée à les assimiler (acquérir). À chaque stade de développement, l'âme est capable d'assimiler une quantité strictement définie d'informations et pas plus. Ceci est lié aux lois de la construction consécutive et systématique à l'intérieur des cellules de la matrice. De même, l'élève de première année est capable d'assimiler uniquement les connaissances de son niveau, et les informations de la cinquième ou de la dixième année seront incompréhensibles et donc inassimilables pour lui.

La raison de ce malentendu est qu'il n'existe pas de chaîne cohérente de construction de cette connaissance dans les cellules de sa matrice. Sans une construction cohérente, il n'y aura pas de compréhension du nouveau et du supérieur, ni d'assimilation avec l'achèvement continu de la cellule d'une qualité donnée. Si une personne n'a maîtrisé que les connaissances du Niveau 1, elle ne sera pas en mesure de maîtriser les connaissances du Niveau 5. Elles ont un potentiel plus élevé et les énergies correspondantes ne pourront pas contenir les énergies d'une cellule ayant un potentiel plus faible. Car les énergies dans une cellule sont reliées par une certaine connexion de potentiels, le potentiel du deuxième Niveau peut tenir en connexion le potentiel de l'énergie du troisième Niveau, mais le cinquième ne le peut plus, ces énergies vont s'envoler de sa cellule. C'est-à-dire qu'il y a des régularités et une cohérence dans tout. Ils sont fixés dans les lois de construction du contenu intérieur des cellules des matrices de l'âme.

De même, l'homme ne pourra pas recevoir d'informations qui ne sont pas liées à sa forme d'existence. Il n'obtiendra donc pas d'informations directement d'une planète ou d'une étoile s'il le souhaite, car il s'agit d'une forme de vie tout à fait différente. Pour le comprendre, il faut en vivre une semblable. Et cela ne peut se faire que devant l'homme, car leurs niveaux de développement sont trop différents. Afin de comprendre leurs informations, il doit d'abord se rendre au sommet de la hiérarchie humaine. Pour ce faire, il devra traverser encore 60 niveaux, car l'humanité moderne n'en a même pas atteint le milieu.

Et ce n'est qu'après s'être engagé sur la voie du développement planétaire qu'il pourra comprendre ce que la planète pense et ce à quoi elle pense, dans quelles situations d'être elle existe et ce qui la préoccupe. Et après avoir traversé 50 autres Niveaux de la hiérarchie planétaire, il pourra recevoir des informations correspondant au développement des étoiles en tant que formes vivantes. Toutes les connaissances qu'il a maintenant de ces objets correspondent au Niveau d'un homme moderne et sont dérisoires par rapport aux informations qui correspondent aux planètes et aux étoiles dans leur intégralité. Peu importe ce qu'on lui dit sur les Supérieurs, il ne comprendra rien et ce qu'il entend sera perçu comme un discours en chinois : on lui dit quelque chose, mais il n'est pas capable de capter même les lettres de sa position inutilisée. Il existe une analogie dans la connaissance également. Les connaissances du Niveau Supérieur seront perçues par une personne non préparée comme du feu, mais pas comme des informations compréhensibles.

Nous l'expliquons longuement afin que l'on comprenne qu'il est impossible pour un contacteur, ainsi que pour tout être humain, d'acquérir la connaissance d'un quelconque Niveau. Elles ne s'attarderont pas dans sa mémoire et sa matrice de concepts parce que les énergies de ce Niveau qui peuvent retenir ces informations dans sa conscience ne seront pas présentes dans les cellules. Par conséquent, le même contacteur-académicien, qui n'a assimilé que les connaissances physiques de notre monde matériel, sera incapable de transmettre la forme de la structure subtile de notre monde, de relier les mondes parallèles de la planète à ses enveloppes, et les éventuelles zones de la Force ou les lieux négatifs à la présence des flux énergétiques qui relient le corps matériel de la planète à ses enveloppes éthériques, astrales et aux Systèmes hiérarchiques Supérieurs.

Les réseaux Hartmann qui existent sur la Terre, par exemple, expriment la structure énergétique de la planète. Mais le fait qu'ils doivent être associés à sa structure subtile ne vient à l'esprit de personne, car les gens n'ont pas encore la connaissance d'un niveau supérieur à celui de la matière.

L'âme a-t-elle une connaissance universelle

Question : Certains auteurs, prétendent que "l'âme possède la connaissance universelle". Dans quelle mesure leur déclaration est-elle conforme à la vérité ?

Réponse : L'âme ne peut pas posséder la connaissance universelle, car ces informations sont d'un très haut Niveau et ont donc un énergopotentiel très élevé. Un faible potentiel humain n'est pas capable de le retenir. Il n'a que quelques connaissances de ses états passés s'il est une âme de type terrestre qui est passée par le plan des minéraux, des plantes, des animaux. Il aura un type de connaissance approprié à son Niveau, mais il n'est pas universel.

L'Inférieur est incapable de retenir la connaissance de l'État supérieur, qui est notre univers, tout cela à cause de la même disproportion des potentiels énergétiques.

Et ce que l'homme peut aussi prendre pour une connaissance universelle, ce sont ses notions primitives d'une vision extérieure de l'univers, d'un contact avec lui. Mais sa structure est si profonde, complexe et multidimensionnelle qu'il faudra des milliards d'années avant de la comprendre complètement.

Cependant, les âmes cosmiques sont parfois envoyées sur Terre pour accomplir certaines missions. Ces âmes possèdent d'autres types de connaissances qui peuvent être appelées connaissances cosmiques. Cependant, elles ne sont pas non plus capables de contenir dans leurs matrices le puissant potentiel de la connaissance universelle. Elles possèdent simplement un autre type d'information cosmique.

Seules les âmes des Substances situés aux Niveaux les plus élevés de la Hiérarchie Divine ont la connaissance universelle, parce qu'Elles créent elles-mêmes l'univers matériel et l'univers énergétique, et donc, Elles réfléchissent, par leurs pensées, à leurs fonctions et à la structure qui assure ces fonctions.

Mais ces hautes âmes ne descendent plus sur Terre. La matière de la Terre ne peut pas résister à leur puissant potentiel, elle sera simplement brûlée par Elles. On ne peut donc pas tirer des conclusions aussi globales selon lesquelles l'âme humaine "possède une connaissance universelle".

Un microbe pourrait tout aussi bien s'écrier qu'il possède des connaissances humaines alors qu'il se trouve dans le ventre d'un être humain. Mais l'homme possède une connaissance intellectuelle et une structure qui lui est propre et qui est inaccessible au microbe, qui possède également une connaissance qui lui est propre et qui est jusqu'à présent inaccessible à l'homme. Ici, il est même nécessaire de distinguer s'il s'agit de connaissances matérielles ou de connaissances invisibles, subtiles, car l'univers, comme les êtres humains, a une structure subtile. Mais ne voyant qu'une facette d'elle, il n'a aucune idée de ses états subtils.

Toute information correspond toujours aux Niveaux de développement et à la forme pour lesquels elle est créée. Par conséquent, les formes vivantes à faible énergopotentiel ne peuvent pas contenir d'informations sur les formes à fort énergopotentiel. Il ne s'agit que de la possibilité de connaître des grains de cet état supérieur.

L'information et le temps

Question : La puissante énergie de l'information peut-elle influencer le passage du temps ?

Réponse : Elle n'affecte pas le temps lui-même, mais sa perception par l'homme. L'énergopotentiel d'une information puissante est capable d'accélérer ou de ralentir les processus dans la matière du corps humain, accélérant ou ralentissant le flux de chronons (particules de temps) hors des cellules. En même temps, l'écoulement extérieur du temps reste le même, et un observateur verra que rien ne change chez cette personne par rapport à elle. Mais la personne elle-même peut penser que le temps a passé trop vite ou s'est ralenti. La sensation subjective du temps sera différente pour les deux personnes.

Certains prêtres ont remarqué qu'un long service à l'église passe très vite pour eux, comme si le temps accélérait sa course. Mais il ne s'agit que de leur sentiment personnel, et l'assemblée peut avoir l'impression que le service est très long. Les prêtres récitent des prières, et ils sont construits énergétiquement de telle manière que leur énergopotentiel est beaucoup plus élevé que le potentiel humain, et c'est pourquoi ils provoquent de tels sentiments chez les Serviteurs.

De même, par exemple, lorsque j'écrivais une interprétation des "Lois de l'univers", j'ai également remarqué que je perdais la notion du temps. J'ai écrit tout ce que je pouvais écrire en deux heures, et j'ai pensé que tant de temps s'était écoulé, mais quand j'ai regardé l'horloge, il s'est avéré que seulement vingt minutes s'étaient écoulées. Dans mon esprit, le temps s'est éternisé, ce qui m'a permis d'écrire beaucoup en peu de temps. C'était l'effet du pouvoir de l'information des Lois. Je n'étais pas consciente d'être dans cette phase, mais ce n'était que ma sensation ; cela pourrait être différent pour d'autres personnes.

Martinius était-il un contact

Question : Martinius a écrit des informations sur l'ordre mondial similaires aux vôtres. Était-il aussi un contacteur ?

Réponse : Malheureusement, nous n'avons pu lire aucun de ses livres, mais un lecteur nous a envoyé son autobiographie, qui nous a permis d'apprendre quelque chose sur lui.

Martinius n'était pas un contact, car il ne communiquait qu'avec son Déterminant. Mais il était d'un très haut Niveau, donc il a donné à son élève un haut niveau d'information. Leur travail étant conçu pour une longue période, il a écrit ses œuvres, en prenant son temps, pendant 60 ans. Et nous devions donner nos informations le plus rapidement possible, afin de ne pas retarder Dieu auprès de nos contacts. C'est pourquoi nous avons réussi à publier 33 livres en 8 ans, en travaillant de manière très intensive et rapide. Martinius travaillait tranquillement et pour son propre plaisir, tandis que nous étions comme des pompiers sur un incendie, et nous étions nous-mêmes en feu, et nous subissions constamment des contraintes et des surcharges. Nous avions une façon différente de travailler.

Nous sommes des contacteurs dans le sens où nous disposons d'un canal de communication avec le Supérieur, conçu pour travailler dans une certaine période de temps. À un moment donné, la connexion avec Dieu est activée, et à un moment donné, elle est désactivée, car le temps de présence de Dieu sur la Terre est limité, Il a trop de travail à faire. Et notre canal a une structure spéciale et délicate, contrairement au canal de Martinius. Pour être plus précise, il ne disposait pas d'un canal spécialement construit, mais d'une connexion avec son Déterminant. Mais si nous comparons cette connexion avec les connexions d'autres personnes qui reçoivent également certaines informations de leurs Enseignants Célestes, cette connexion présente des différences significatives. Avec Martinius, elle a été faite plus précisément et techniquement conçue pour des indicateurs différents qu'avec des personnes ordinaires. Martinius n'était pas une personne de contact, mais il avait une mission précise que nous avons de grands scientifiques, concepteurs, inventeurs, compositeurs et artistes.

Quant à savoir si l'une ou l'autre personne était un contact, il est simpliste de dire que tout contact avec le Déterminant est un contact. Mais si nous sommes plus précis et que nous entrons dans les détails de ce contact, toutes sortes de détails, de clarifications et d'explications apparaissent. Le lien avec les Supérieurs, ou simplement avec le Ciel, est très complexe, à multiples facettes et n'a pas encore été exploré par l'homme. Cependant, il doit savoir qu'il a nécessairement son côté technique. Chaque personne a également une communication différente, la plupart du temps un niveau ou une communication spéciale comme la nôtre. Mais cela doit être traité séparément dans chaque cas.

Chapitre 5
LE CHANGEMENT D'ESPRIT

Des compléments à la structure du système solaire

Commençons ce chapitre par des informations supplémentaires que nous avons reçues par contact direct avec une Intelligence Supérieure. Ces informations concernent la construction du système solaire et développent certaines idées à son sujet ou confirment des informations existantes obtenues par d'autres. Nous avons posé au Suprême un certain nombre de questions de clarification.

- La différence dans le déroulement du temps sur les planètes du système solaire est-elle due à : la vitesse de rotation des planètes ou autre chose ?

- Cela est lié à la rapidité de la vie sur les planètes et à la vitesse à laquelle se déroule le programme de développement de chaque planète. La vie a sa propre vitesse, elle peut être plus rapide pour certaines planètes et plus lente pour d'autres. Tout ceci est calculé par des Constructeurs Supérieurs et la Mécanique Cosmique et relié en un seul système planétaire.

- Que donne un système planétaire lorsque toutes les planètes qui le composent tournent sur le même plan ? Après tout, ils pourraient tourner sur des plans différents.

- Une telle construction permet de remplir plusieurs des objectifs du cosmos et de votre Terre. Mais il y a des différences dans le fonctionnement des planètes qui fusionnent. Lorsque le système fonctionne sur un seul plan, il a un seul rythme. Et lorsqu'il se trouve dans des plans différents, le rythme change et il y a une manière différente de se connecter et d'interagir avec les autres mondes. Lorsque le système fonctionne sur différents plans, les entrées et les sorties de la communication avec les mondes parallèles sont modélisées différemment. Et cette connexion sera plus étroite et plus intense lorsque les planètes sont sur des plans différents. Les mondes parallèles sont dans le même système. Ils peuvent se connecter aux planètes selon des schémas différents et cela aussi affectera l'arrangement planétaire dans le système planétaire.

- **Existe-t-il des mondes parallèles à la Terre sans soleil ni étoiles ?**

- Oui. Cela dépend du programme donné au monde parallèle. Le soleil et les étoiles sont principalement nécessaires en tant que luminaires dans les mondes sombres, à faible énergie, et si le monde est suffisamment élevé, il brille lui-même avec des énergies élevées. De même, les créatures qui peuplent le monde peuvent avoir une vision différente de l'espace qui les entoure, leur appareil visuel étant capable de le voir sans éclairage supplémentaire.

- **Pourquoi Jupiter a-t-il été rendu si énorme et Mercure si petit dans le système solaire ? Lors de la création du système, sur quoi reposait la différence de volume des planètes, pourquoi a-t-on décidé qu'une planète serait grande et une autre petite ?**

- Celle-ci est déterminée par le type d'énergies générées. Vous êtes bien conscient que chaque planète de votre système solaire fonctionne avec une certaine gamme d'énergies. Depuis la Terre, l'énergie va vers la planète correspondante de votre système solaire, et cette planète transmet une partie de son énergie à la Terre. Toutes les planètes fonctionnent de manière similaire par rapport à la Terre, mais une partie de chaque planète va également vers le Soleil en tant que mégastar. Il y a un échange mutuel d'énergies, et leur recyclage. Cette énergie, dont la fréquence augmente par Niveau, est envoyée au Soleil, et cette énergie, qui diminue par transformation, est envoyée à la Terre. Dans un tel système planétaire, toutes les planètes fonctionnent différemment, chacune ayant son propre objectif et sa propre tâche. De plus, chacune d'entre elles a pour objectif de produire en grande quantité un type d'énergie.

Jupiter doit produire une énergie d'un certain type, qui lui est donnée par le programme, en très grande quantité. C'est-à-dire que les Systèmes hiérarchiques ont besoin d'une grande quantité de cette énergie, c'est pourquoi elle (Jupiter) est faite pour une grande quantité correspondante d'énergie aussi. Sa valeur est liée à la quantité d'énergie qu'elle produit. Le Mercure est petit et produit peu d'énergie. Mais c'est ce que votre système est programmé pour le faire. Dans d'autres, c'est différent, il peut y avoir une petite planète et une petite étoile, mais elles ont une forme telle qu'elles diffusent beaucoup plus d'énergie que vos planètes et votre soleil.

- Que savez-vous des formes de vie trouvées sur les satellites de Jupiter ? Par exemple, les scientifiques ont récemment découvert une vie physique sur Europa.

- Sur une grande planète, il y a des êtres vivants que vous appelez des extraterrestres. Ils sont sous la surface extérieure de la planète, diriez-vous - "ils vivent sous terre".

- Mais au même endroit - une croûte de glace ! Cela ne les dérange pas ?

- Ils vivent sous cette croûte. Il y a un vide à l'intérieur de la planète, un certain espace dans lequel ils vivent.

- Quel type de structures peut-on voir sur les photos prises par les scientifiques de la Terre ? Des tunnels et des canaux sont visibles sur la surface de la glace. S'agit-il de structures artificielles ou de failles dans la glace ?

- La glace a été créée par ces êtres vivants pour soutenir leur vie. S'il n'y a pas de glace, la planète va mourir. Et toutes les autres communications sont artificielles et déjà localisées sur la glace.

- Ces êtres vivants ont-ils accès à l'espace ? Volent-ils au-delà des limites de leur planète ?

- Oui, ils volent et visitent même la Terre. Mais les habitants ne les voient généralement pas, car ils sont protégés par un champ de protection. Il existe cependant des cas isolés où des humains les ont vus.

- Sont-ils matériels ?

- Oui.

- Pourquoi ne les montre-t-on pas aux êtres humains ?

- Tous les extraterrestres ne sont pas autorisés à se montrer aux terriens, car les humains n'ont pas atteint le niveau approprié de compréhension de la vie extraterrestre et ne sont pas encore capables de communiquer normalement avec d'autres êtres intelligents. Il doit élever son niveau de conscience et acquérir une nouvelle compréhension du monde qui l'entoure et de lui-même dans ce monde.

- A quoi ressemblent-ils à l'extérieur ? Comme les êtres humains ?

- Non. Ce sont des nains. Ils ont une tête en forme d'œuf et de grands yeux.

- Oui, nous sommes au courant de cette forme, les gens ont des croquis de ces créatures. Un vaisseau avec de telles créatures s'est même écrasé au Nouveau Mexique en Amérique (USA).

- Oui, c'était un désastre. Mais ils n'ont pas été autorisés à voler vers la Terre.

- Et pour quelle raison ?

- D'un point de vue humain, ils sont mauvais. Leur conscience est semblable à celle d'un robot, les sentiments sont absents. Et donc ils perçoivent le monde un peu différemment d'un humain sensible et émotionnel. Sur les planètes extraterrestres, ils prennent ce qu'ils veulent sans réfléchir. On pourrait qualifier ce type de créature d'égoïste.

- Il s'avère donc que ces extraterrestres enfreignent les règles de l'espace ?

- Vous avez aussi des lois, mais il y a beaucoup de gens qui ne les respectent pas. Les violateurs sont donc toujours contrôlés par d'autres systèmes qui maintiennent l'ordre. Ils essaient de les garder dans certaines limites.

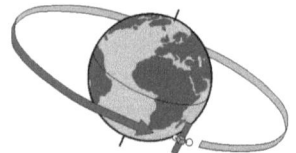

- Et quelles sont les méthodes permettant de restreindre leurs activités ?

- Ils sont punis.

- Quelle est la punition : le manque d'énergie ou autre chose ?

- Punir économiquement, à votre manière terrestre, en ne donnant pas d'énergie. L'énergie est la force qui la retient. Sans elle, ils ne peuvent pas voler vers la Terre. Mais les systèmes de contrôle les ont jugés plus sévèrement, car ce n'était pas la première fois qu'ils enfreignaient les lois, et ils ont été abattus. Leur véhicule a été abattu. Cet accident était une punition pour les violations (référence à un accident au Nouveau-Mexique, aux États-Unis).

De plus, nous n'avons pas précisé les détails de ce qui s'est passé, car le temps de contact était limité, et nous sommes passés à la planète suivante.

- **Vulcain est-il une planète ?**

- Il n'y a pas de telle planète.

Cette réponse de leur part est une confirmation claire de la différence entre les concepts de l'homme et du Très-Haut. Nous nous interrogeons sur ce qui existe dans l'idée fausse humaine et qui manque dans la réalité. Il y a une incohérence dans les concepts. Pour cette raison, les réponses peuvent également sembler étranges. Il faut parfois beaucoup de temps à une personne mal informée pour découvrir la vérité. Mais cette fois, quelques questions de clarification ont suffi pour comprendre la vérité.

- **Alors pourquoi les astrologues utilisent-ils ce concept ? Ils croient que c'est à côté du Soleil.**

- Ce n'est pas une planète, c'est une station artificielle. Aucun des humains ne le sait. Mais nous faisons des expériences, et pour cela nous avions besoin de la proximité du soleil. Pour votre matière physique, ses rayons et sa température sont destructeurs. Mais notre connaissance nous permet d'avoir une protection contre ce qui vous tue.

- **Qui l'habite et quelles sont les tâches qui lui incombent ?**

- Cette station héberge des êtres vivants dont la matière leur permet de résister à ces contraintes sur leur forme. Les matériaux de la station sont également ultra-durables. Cette station est expérimentale, pour la création de formes de vie spéciales. Nous sommes dans l'affaire de la reproduction de la vie physique sur le Soleil lui-même. Jusqu'à présent, la vie n'y existe qu'à l'état subtil. Mais ce sont des types de matière différents en termes d'interaction. Ils seront des êtres matériels spéciaux dotés de certaines propriétés requises par Nous. Leur création exigeait des températures très élevées et un certain nombre d'autres paramètres puissants, et un milieu approprié s'est avéré être proche du Soleil.

- **Mais cette station est aussi une centrale électrique ?**

- Non, la matière physique. Cependant, il existe différents Niveaux de matière. Nous l'avons fabriqué à partir d'une matière super solide et résistante à la chaleur, pour laquelle le Soleil n'est rien de plus qu'une ampoule électrique pour un humain. Et les matériaux terrestres qui s'y trouvaient auraient tous fondu. Sur la station elle-même, la chaleur est presque la même que sur votre luminaire. Mais la station est gérée par des êtres pour qui cette atmosphère est normale.

- Comment la disparition du système solaire se produira-t-elle ? Y a-t-il une séquence ? Par exemple, le Soleil pourrait-il s'éteindre en premier, puis les planètes mourraient de froid et se déplaceraient vers un autre monde, ou les planètes disparaîtraient-elles de ce monde en premier, puis le Soleil s'éteindrait ?

- Le système solaire est un énorme mécanisme cosmique unique. Par conséquent, lorsque ce besoin disparaîtra, tout se passera selon un schéma planétaire préconçu par les systèmes planétaires supérieurs. Le Soleil va d'abord attirer toutes les planètes vers lui, puis il va commencer à rétrécir. Tout va se transformer en un trou noir. C'est ce que les gens appellent la fonction de transformation de la matière physique. Toutes les planètes passeront par le trou noir vers un autre plan, une autre dimension et un autre état de cette manière.

- Si tout le système solaire passe dans le plan subtil, que se passera-t-il à sa place ?

- Nous nous attendons ici à obtenir le même système, mais à un niveau énergétique, c'est-à-dire à une conception plus subtile. Nous pouvons dire que ce système restera ici, mais au niveau de l'énergie. Les corps physiques des planètes et du Soleil vont disparaître, se dématérialiser, et les corps énergétiques vont rester. Ce sera la même chose, mais d'un ordre de grandeur supérieur. Seule la matière grossière va dans le trou noir.

- Et si une seule planète passe dans une autre dimension, laisse-t-elle un vide dans l'espace après elle ?

- Il n'y a pas de vide dans l'espace. L'homme peut comprendre le départ d'une planète de différentes manières. Il lui semble qu'une planète dans le ciel a disparu à tel endroit de l'espace, mais en fait il s'avère que la planète reste au même endroit, mais sans l'enveloppe physique, l'enveloppe matérielle elle-même s'en va. Et il peut se passer de différentes manières : dans un trou noir, ou à travers une explosion. Chaque planète a un destin différent et la transition vers le monde subtil est également différente.

- Quel effet, inconnu des scientifiques, le Soleil a-t-il sur les planètes ?

- L'activité du Soleil est liée à l'énergie psychique de l'humanité, c'est pourquoi les explosions du luminaire provoquent de l'agressivité chez les gens, toutes sortes de performances dans la société de différents groupes sociaux ont lieu. C'est-à-dire que le Soleil travaille avec certains types d'énergies non seulement du plan physique, mais aussi du plan subtil. Alors que les autres planètes s'occupent de la transformation des énergies d'un certain spectre, le Soleil travaille avec la gamme complète de tous les types d'énergies qui sont présentes dans votre système planétaire, et avec lesquelles les planètes de ce système travaillent. Par conséquent, le Soleil a son influence sur toutes les planètes, mais à un degré différent. Les planètes proches sont davantage sous l'influence des énergies subtiles du luminaire, de son aura, et les planètes éloignées le sont moins. Plus une planète est éloignée du Soleil, moins elle est influencée par le luminaire. Il y a donc moins d'échange d'énergie et beaucoup d'autres choses.

- Quelles sont la base des forces d'attraction ?

- Champs. Chaque objet matériel possède son propre champ à l'intérieur duquel il est capable de contenir d'autres objets. Un corps avec un grand champ, tient tous les corps avec des champs plus petits dans son champ commun. Et ils ne peuvent pas aller au-delà de ses limites, en se soumettant à un potentiel plus grand. On pourrait dire que chaque champ gravitationnel a son propre Niveau.

- Les physiciens pensent que les champs gravitationnels sont affectés par le rythme des planètes : plus on s'en éloigne (des planètes), plus le rythme devient lent et plus le champ gravitationnel est faible. C'est ce que les gens pensent. Mais que pouvez-vous ajouter sur cette question ?

- Bien sûr, la distance et le rythme affectent le champ ici. Plus on s'éloigne de la planète, plus le champ gravitationnel se réduit. Le rythme est une pulsation. Elle aussi a certaines limites et chaque planète a ses propres limites. Par exemple, la pulsation d'une noix a certaines limites, que vous pouvez observer par vous-même. Au-delà de ces limites, la pulsation ne se propage pas. Il en va de même pour les planètes.

Astrologie

- L'astrologie est devenue populaire. De nombreuses personnes se lancent dans la réalisation de leurs propres horoscopes. Possède-t-on actuellement toute l'étendue des connaissances astrologiques ?

- L'astrologie est une science flexible. Ses origines remontent à dix mille ans. Mais les connaissances astrologiques qui sont aujourd'hui à la disposition des gens ne représentent qu'un tiers de l'ensemble du cycle de connaissances qui a été ramené sur terre. Il existe de nombreuses clés en astrologie qui ne fonctionnent pas. Il faut en tenir compte. Il existe également de nombreux défauts flagrants dans ces enseignements liés à la mauvaise compréhension de l'homme de certaines choses, qui devraient également être connus dans la perspective que maintenant, avec le déroulement du nouveau champ temporel, il y a certains événements qui devraient être calculés avec les symboles déjà purement nouveaux, alors le caractère humain se révélera ou s'alignera dans une ligne algorithmique correcte. En outre, des connaissances très anciennes sont tenues à l'écart de l'homme moderne par les personnes elles-mêmes, car les informations astrologiques sont porteuses de nombreux secrets. Ceux qui en ont ne veulent pas partager avec les autres. Mais si ces secrets sont révélés à l'humanité, les gens seront bien plus avancés.

- Mais quelles inconnues de l'astrologie pourriez-vous révéler à une personne à ce moment-là ?

- Les astrologues utilisent le concept des "éléments" dans leur travail. Ils ne comptent que quatre "éléments", pensant que ce sont les quatre seules fractions de la sphère. En fait, il y a seize "éléments", et chacun d'entre eux reçoit une explication quelque peu différente de celle que l'on trouve couramment dans toute édition imprimée moderne de l'astrologie. Si l'on commence par une étude globale de l'ancienne connaissance des constructions astrologiques, on pourra pénétrer plus profondément et plus radicalement dans l'essence de l'autre personne.

L'astrologie nous permet d'étudier le côté le plus complexe de la civilisation humaine. Lorsqu'elle se penche sur un individu, les astrologues utilisent une étude superficielle de celui-ci. Et c'est une structure très complexe qui possède des organes internes ainsi que des organes externes dans les énergocorps subtils. Ces derniers ne sont pas pris en compte par l'homme, alors qu'ils sont tout aussi importants que les internes. Il ne faut pas non plus oublier que l'homme est un acteur de la situation et qu'il a la possibilité de l'influencer grâce au droit de choisir. L'homme participe au mouvement des corps. Par conséquent, l'astrologue est obligé de voir par la méthode de ses calculs le résultat du test qu'une personne doit obtenir comme résultat ou doit passer par un résultat pour obtenir le résultat suivant. C'est pourquoi il y a plusieurs éléments, et non quatre.

La population de la Terre
- Pourquoi y a-t-il tant de gens sur Terre aujourd'hui, plus de 6 milliards ? Qu'est-ce que ça a à voir avec ça ?
- Oui, en l'an 2000, la population de la Terre a atteint son nombre maximum par rapport aux siècles précédents. En effet, cela est dû au fait qu'il est nécessaire de transférer notre planète vers un nouvel état énergétique. Chaque point de sa surface avait besoin d'une nouvelle énergie, c'est pourquoi un si grand nombre d'âmes ont été descendues sur Terre. Elles transforment toutes à travers elles l'énergie envoyée par les Systèmes hiérarchiques à la planète. En l'an deux mille, la Terre a atteint sa saturation énergétique maximale, ce qui lui permet de passer sur une nouvelle orbite, c'est-à-dire à un niveau de développement supérieur.

Après la transition, la planète n'aura plus besoin de ce nombre d'âmes, et le nombre de personnes sera réduit de deux tiers (2/3). Pendant les deux mille ans à venir et jusqu'à l'an quatre mille, la planète se retrouvera avec un tiers (1/3) de la population actuelle. Ce seront les représentants d'une nouvelle race, construite selon une nouvelle gamme d'énergies plus élevée. Ils fourniront à la Terre une nouvelle énergie, mais dans un volume plus important que l'homme actuel, car ces personnes seront beaucoup plus énergiques que l'homme de la cinquième race.

À la fin de la prochaine époque (d'ici l'an 4000), leur nombre augmentera à nouveau au maximum pour effectuer la transition suivante. C'est le développement cyclique de l'humanité et de la Terre.

Toutefois, le caractère cyclique du développement ne se limite pas nécessairement à deux mille ans. Les périodes de développement peuvent varier ; elles peuvent être aussi longues que quatre ou six mille ans, et ainsi de suite. Plus le développement est élevé, plus les cycles de perfection sont longs, et vice versa. Comme tout change avec le temps : la planète elle-même, ses besoins, l'humanité change aussi en fonction de ses nouveaux besoins. C'est pourquoi les nations changent, les anciennes partent et les nouvelles apparaissent.

Le développement englobe la totalité des états de vie disponibles sur Terre. Pour cette totalité d'entre eux, nous élaborons une théorie générale du développement, qui est ensuite divisée en étapes. Chacun d'eux contient des intervalles de temps distincts, dont la durée est indiquée ci-dessus.

Si la Terre a aujourd'hui une structure externe, sans parler de sa structure interne et subtile, dans mille ans tout sera complètement différent : les continents, les mers et les océans changeront, l'humanité elle-même changera.

Tous les changements incluent un programme de développement. Cependant, même le programme d'une personne, par exemple, est formé de plusieurs centaines de programmes de plus ou moins grande ampleur. En termes généraux, nous constatons que tout homme est lié au programme de la Terre, du continent, d'une certaine ville (ou même de plusieurs localités), au programme de son peuple, de personnes spécifiques, c'est-à-dire que son programme est inclus dans un certain nombre de programmes sociaux, etc. En outre, son corps physique, chaque organe, chaque système du corps, les corps subtils et leurs organes ont également leurs programmes interdépendants, jusqu'aux atomes et molécules qui font partie du corps physique et qui ont également leurs programmes. En voici une liste simplifiée. C'est assez compliqué. L'homme a l'habitude de se considérer de manière trop primitive.

-   -   -

De nouveaux concepts de l'univers (création)

Les auteurs expliquent ensuite au lecteur tout ce qui est incompréhensible et difficile à comprendre, mais de leur propre point de vue, en tenant compte de l'implication des connaissances ésotériques. Si nous disons que les auteurs répondent, cela signifie que nous leur donnons le droit de penser à leur manière et de répondre à la question à partir de leurs propres positions. Chaque personne a son propre niveau de connaissances.

Les questions répétées des lecteurs permettent d'approfondir le phénomène et de découvrir ses côtés inconnus, et les nouvelles questions élargissent la compréhension générale du monde et de ses habitants, de sorte que, dans tous les cas, toute question s'avère utile.

-   -   -

Question : Une Substance du Chaos de premier Niveau peut-elle s'incarner dans le monde des humains ? Si elle est possible, quelles propriétés posséderait-elle sur Terre ?

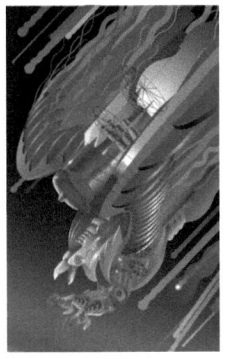 **Réponse :** la Substance du Chaos existe dans tous les mondes, y compris notre monde physique. Mais chez nous, il ne réside pas dans la forme humaine. La Substance du Chaos est un état intelligent spécial que l'homme ne peut pas voir. Il ne peut observer son activité que dans certains endroits. La Substance du Chaos, par exemple, réside dans le vide. Il donne toute liberté aux particules qui y sont contenues, elles se déplacent de manière chaotique et où elles veulent dans le volume qui leur est alloué. Les particules dans le vide ont toute latitude. Mais la Substance du Chaos ne détruit rien dans le vide, car les particules y sont encore sous l'influence d'autres lois. Et la Substance du Chaos, étant respectueuse des lois, n'a pas le droit de les enfreindre.

Il faut dire que la Substance du Chaos est un État spiritualisé très développé. Il appartient aux systèmes de construction législatifs, qui sont engagés dans la construction de mondes. Par conséquent, la Substance du Chaos se situe bien au-dessus de l'ensemble du monde physique, des planètes et des étoiles en termes de Niveau de développement. Un être humain est trop insignifiant par rapport à elle, c'est pourquoi elle ne peut en aucun cas s'incarner dans une forme humaine matérielle.

Mais en restant dans un monde, elle a des fonctions différentes. Elle peut détruire ce qui est obsolète, et elle peut maintenir certains éléments en toute liberté (comme le vide), mais sans les laisser sortir des limites qu'elle a fixées.

La Substance du Chaos a une trinité de construction, comme toute âme, elle est trinitaire. La partie négative de celle-ci casse et détruit tout, et la partie positive est engagée dans le maintien d'autres particules, éléments, états. Elle a également une partie de Gestion

Question : A quoi pourrait ressembler une personne hautement évoluée dont le travail consiste à tout détruire au hasard ? Quelles sont les qualités qu'une personne hautement évoluée de la Terre doit accumuler en elle pour pouvoir se transformer en la forme de la Substance du Chaos ?

Réponse : La question qui se pose ici est celle de la présence éventuelle du Chaos dans la forme humaine. Mais d'après l'explication ci-dessus, il est déjà clair que la Substance du Chaos, en raison de son très haut Niveau de développement, et donc d'un puissant énergopotentiel, ne peut pas s'incarner dans un corps humain, elle le détruirait avec son potentiel, et donc après cela elle ne peut pas remplir les fonctions qui lui sont attribuées.

En ce qui concerne la forme de la Substance, nous pouvons l'appeler de manière simpliste le volume. La Substance du Chaos sur Terre est dans un état tel qu'elle reste invisible pour l'homme, bien qu'il puisse observer les résultats de son action depuis le plan subtil. Elle est dans une autre dimension que l'homme.

Si nous parlons de destruction accidentelle, alors cela ne s'applique qu'aux humains. Il est celui qui, en vertu, pourrait-on dire, de sa stupidité, détruit tout à sa guise, sans penser aux conséquences ni enfreindre aucune loi. La Substance du Chaos, puisqu'elle appartient à des états intelligents hautement organisés, ne détruit que ce qui lui est indiqué d'En-Haut ou ce qui est inclus dans son programme, elle effectue toute destruction selon la loi et selon le système, puisqu'il doit être détruit afin qu'il puisse être utilisé dans la paix de l'existence future. Et donc elle détruit tout selon une certaine méthodologie connue d'elle seule.

Quant au transfert de l'âme humaine sous la forme de la Substance du Chaos, c'est impossible. Sur Terre, l'homme ne peut pas accumuler de telles qualités, car l'humanité a d'autres objectifs de développement, ce qui signifie qu'il aura toujours des programmes orientant son âme vers l'accumulation d'autres qualités que celles dont dispose la Substance du Chaos. Mais même en supposant que cela soit possible, il doit devenir une Substance législative ayant une certaine connaissance du monde afin de pouvoir être responsable de la construction des mondes. Et pour s'élever au Niveau de développement d'une telle Substance du Chaos, un terrien devra passer par plusieurs autres hiérarchies que celle de l'homme, se développant strictement dans certaines qualités, principalement dans les qualités de destruction et de contenu.

Aucune Substance législative n'est développée à partir d'âmes humaines, car l'humanité a d'autres objectifs.

Question : Est-il possible qu'une Substance, une certaine Personnalité Supérieure, dans la hiérarchie de Dieu, atteigne un certain Niveau de développement, et qu'il n'y ait ni place ni travail pour elle dans le nouveau monde ?

Réponse : Non, ça n'existe pas. Après tout, tout volume mondial est une matrice spatiale, capable de croître dans différentes directions, de construire des cellules de volume supplémentaires pour former de nouvelles qualités. Elle a la possibilité d'ajouter des mini-volumes qui la complètent par de nouvelles fonctionnalités. Grâce à cela, le renouvellement et la progression ont lieu. Ainsi, si l'unité ne peut être utilisée dans ses fonctions existantes, elle se verra attribuer un nouveau domaine d'activité.

Question : Existe-t-il des planètes matérielles miniatures de la taille de, disons, le diamètre de Moscou et, par conséquent, avec des habitants aussi petits ?

Réponse : Oui, ces planètes sont nombreuses, surtout au premier Niveau de la hiérarchie planétaire.

Quant à ses habitants, tout microbe qui s'y trouve est déjà un habitant. Mais, bien sûr, ils se présentent sous toutes sortes de formes, et toujours en fonction de la taille de la planète. Ses dimensions par rapport à eux doivent être telles qu'elles assurent leur existence. Si certaines corrélations ne sont pas respectées, la planète ne sera pas en mesure d'assurer les fonctions vitales de ses habitants, et ceux-ci disparaîtront. Tout doit être proportionné, tant en taille qu'en quantité.

Les habitants d'une planète ne sont pas seulement ceux qui se trouvent directement dans son enveloppe matérielle, mais aussi dans les enveloppes subtiles. **Chaque enveloppe d'une planète a ses propres habitants**.

Mais si l'âme d'une petite planète est habitée dans le corps humain, il n'y a plus d'habitants dans son enveloppe. Les enveloppes contenant les habitants sont données à une planète lorsqu'elle en a besoin pour certaines fonctions. De même, les enveloppes de notre Terre ont leurs propres résidents dont les fonctions sont conçues pour travailler avec la gamme d'énergies d'un énergocorps correspondant.

Question : Est-il correct de penser que des formes intelligentes trop petites ne peuvent pas exister parce que les atomes des univers de Dieu ont la même taille et qu'il serait impossible de construire une forme à partir de ces atomes pour qu'elle fonctionne avec succès parce que les atomes seraient trop gros pour cela ?

Réponse : L'atome n'est pas la plus petite forme du monde physique. Il existe de nombreuses particules encore plus petites qui ne sont pas encore connues des scientifiques de la Terre. Il y a beaucoup de ces particules dans notre univers.

Les atomes sont les mêmes dans notre univers, mais ils sont complètement différents dans les trois autres.

L'atome lui-même est constitué de particules encore plus petites. Des particules encore plus petites sont créées en proportion des formes plus petites. Mais la réduction pour le plan physique est finie, car la matière physique elle-même est limitée, mais pour les énergomondes, la réduction est infinie.

Dans les énergomondes, tout est différent, il existe des lois, des rapports et des mesures différents, qui ne sont pas ceux auxquels les gens sont habitués. Par exemple, un petit volume peut contenir un énorme volume. Pour un être humain, cela semble impossible, mais dans les énergomondes, c'est possible. C'est-à-dire que l'on entre dans une énergoparticule et on voit une vaste étendue infinie. Pour l'homme, cela semble impossible en raison de son ignorance des propriétés des énergies et des espaces subtils.

Question : De nombreuses personnes prétendent pouvoir voler dans des mondes subtils, et même pas un, mais plusieurs. Certaines disent qu'elles peuvent aller dans un monde très beau à partir de la lumière blanche. Est-ce le cas et de quel type de mondes s'agit-il ?

Réponse : Ce sont en fait des mondes parallèles à la Terre. L'âme d'une personne peut voyager à travers eux. Mais le plus souvent, elle pénètre dans le monde où résident les âmes des défunts. Elle se trouve dans l'espace circumterrestre, ou plutôt à l'intérieur de l'enveloppe astrale, possède une structure spéciale, pour que les âmes puissent y résider. Ce monde est composé de lumière blanche, car il est plus élevé en gamme d'énergie que le monde terrestre. Tous les mondes supérieurs apparaissent lumineux à l'homme parce que son organe de vision astrale a été conçu jusqu'à présent pour percevoir une petite gamme de hautes énergies. Tous les types d'énergies fusionnent en lui en blanc. Cela est dû à un manque de développement des âmes. Plus l'âme est développée, plus elle discernera de détails et de couleurs d'énergies dans le monde subtil. Ainsi, par exemple, on peut voir le brouillard sur Terre, et on peut voir tout ce qu'il cache. Mais si une personne a un programme spécial, elle volera librement à travers certains mondes parallèles.

Question : Est-il correct de penser que dans toutes les enveloppes subtiles de la Terre, même les plus hautes, vivent des êtres qui n'ont pas encore atteint le 1er Niveau de la hiérarchie de Dieu ? Et est-il vrai que plus l'enveloppe est haute, plus des êtres élevés l'habitent ? Par exemple, le monde matériel est habité par des êtres du 1er au 100e niveau de la hiérarchie terrestre ; le monde éthérique - du 30e au 100e ; le monde astral - du 50e au 100e et ainsi de suite ?

Réponse : C'est vrai. Il existe une régularité : plus le Niveau de l'enveloppe est élevé, plus les Essences (Êtres) qui s'y trouvent sont avancées. Elles doivent correspondre au potentiel de son Niveau, sinon celui-ci les rejettera dans les couches inférieures. Les Essences qui travaillent avec un spectre énergétique plus élevé auront également un énergopotentiel plus élevé dans leurs matrices, ce qui augmente leur Niveau. La corrélation est ici directe. Mais ces êtres (essences) se développent dans leurs propres situations, dont beaucoup ne sont pas similaires à celles de la vie humaine, et ne peuvent donc pas être comparés aux humains. D'une enveloppe à l'autre, il y a une progression à travers des Niveaux entiers avec une gamme correspondante d'énergies. Il n'existe pas, bien sûr, une telle échelle comme vous l'avez indiqué, mais le principe lui-même est correct.

Question : Où se situe le premier Niveau de la hiérarchie de Dieu : autour de la surface entière du globe à une certaine distance spécifique et à sa propre densité ou est-ce quelque chose de complètement différent ?

Réponse : C'est différent. La conscience humaine ne peut pas encore imaginer la véritable structure du monde, elle ne l'appréhende que par fragments. Le premier Niveau de la hiérarchie de Dieu est très loin et le chemin est long pour l'atteindre. Il faut l'imaginer à côté des quatre univers matériels, et non de la Terre, alors que notre planète est une particule dans l'un de ces univers.

Question: Est-il correct de considérer que l'âme d'un être humain actuel ne peut pas accéder au premier Niveau de la hiérarchie divine dans un corps subtil, même si elle est suffisamment avancée et approche du centième Niveau ?

Réponse: Aucun être humain, pas même le plus avancé, n'est capable de s'élever dans un corps subtil jusqu'au premier Niveau de la hiérarchie de Dieu et de le parcourir. L'âme de l'homme moderne, représentant de la cinquième race, a encore un énergopotentiel très faible, car ses structures subtiles n'ont pas eu le temps d'accumuler une quantité importante d'énergie dans leurs matrices. Afin d'atteindre le premier Niveau de la hiérarchie de Dieu, l'homme moderne devra se développer spirituellement pendant au moins 4 000 ans, c'est-à-dire qu'il devra passer par les sixième et septième civilisations.

Les parasites cosmiques

Question : Quels types de parasites cosmiques existent ? Quelles sont leurs fonctions ? Peuvent-ils inclure des groupes ethniques, des états, des planètes, des étoiles, des Substances, des espaces ?

Réponse : Il existe de nombreux types de parasites cosmiques. Leur principale fonction est de siphonner les énergies de leur Niveau et de leur type respectif. Chaque type d'énergie a son propre parasite créé pour le siphonner. C'est-à-dire que dans notre monde physique il y a une aspiration de chaque type de son énergie. Des organismes spéciaux appelés parasites ont été inventés à cette fin. On peut donc dire qu'il y a autant de parasites qu'il y a de types d'énergies dans l'univers physique.

Les parasites sont également présents dans les couches initiales des hiérarchies : positive et négative. Et à partir d'un certain Niveau de la hiérarchie, plus proche de son milieu, le contrôle des parasites par des services spéciaux augmente, ainsi que les propriétés protectrices des formes spiritualisées elles-mêmes. Par conséquent, au milieu de la hiérarchie de Dieu, les états parasites qui sont engagés dans l'aspiration des énergies d'autres formes disparaissent.

Les grandes formes comme les humains, les planètes, les étoiles et autres ne peuvent pas agir comme des parasites. Les parasites ont pour objectif de vivre de l'énergie gagnée par d'autres êtres, d'utiliser ce qui est déjà disponible. Les grandes formes ont d'autres buts et fonctions d'existence.

Il est vrai qu'on peut penser ici à des vampires humains. Mais leur régime alimentaire est différent : les vampires se nourrissent de nourriture physique (sang) et d'énergie. Mais pour préciser, il s'agit de deux types de vampires différents : l'un se nourrit uniquement de sang et l'autre d'énergie. Ces derniers se nourrissent des mêmes aliments que les autres humains, mais produisent en plus un siphonage constant de l'énergie des autres humains. Les vampires ont de nombreux objectifs, mais ils ne peuvent être comparés aux parasites (qui n'ont qu'un seul objectif : prendre l'énergie des autres). Les objectifs de tous les types de vampires peuvent inclure l'intimidation, la séduction, la persuasion, etc. Mais si un humain-vampire existe, il travaille pour le Diable, tandis que les parasites cosmiques ordinaires travaillent pour la partie négative du Système médical, qui utilise ensuite leur énergie pour ses propres besoins. C'est aussi une différence importante.

C'est-à-dire que certaines grandes formes : les personnes, les planètes, l'espace peuvent avoir des fonctions distinctes d'absorption de certaines énergies, mais cela est fait dans de nombreux buts différents, et souvent pour transférer les énergies absorbées à d'autres systèmes.

Question : Qui a créé les parasites cosmiques : le Système médical ou le Diable ? Les parasites d'autres mondes créés par d'autres Dieux peuvent-ils arriver dans le monde de notre Dieu ?

Réponse : Tous les parasites appartiennent à la partie négative du Système médical. Ils sont créés par elle pour maintenir l'équilibre énergétique dans tel ou tel monde.

Quant aux parasites des mondes d'autres Dieux qui séjournent dans nos mondes, cela ne peut pas avoir lieu, car la matière et l'énergie appartenant à des Dieux différents sont qualitativement incompatibles entre elles. Lorsque des êtres parasites entrent dans notre monde, ils meurent.

Question : La présence d'un parasite dans un Système indique-t-elle toujours que celui-ci ne fonctionne pas correctement ?

Réponse : Non, cela ne dépend pas de leur travail. Il ne s'agit pas d'un mauvais fonctionnement de ces Systèmes, il y a d'autres raisons pour que les parasites cosmiques pénètrent dans ces Systèmes. Par exemple, les Systèmes à faible niveau de développement ont un faible énergopotentiel ct, par conséquent, une faible protection. Par conséquent, les parasites pénètrent facilement dans ces Systèmes. Bien sûr, l'affaiblissement des autres formes de vie par les maladies et les mauvaises habitudes de vie est également important. Cela crée des zones de faiblesse dans les enveloppes extérieures de ces formes, qui sont plus faciles à pénétrer pour les parasites.

Question : Peut-il y avoir des parasites dans le monde de notre Dieu qui lui font du mal ?

Réponse : Non, les parasites cosmiques ne sont pas capables de s'élever au Niveau de Dieu. Déjà, au-dessus du Niveau intermédiaire de la hiérarchie divine, des énergies très puissantes arrivent qui les brûleront. Au niveau de notre Dieu, tout existe différemment que sur la Terre, donc vous ne devriez pas faire de telles comparaisons avec la vie de l'homme. Toute comparaison sera erronée et ne pourra donner une image fidèle de son monde. L'esprit humain n'est pas capable d'imaginer et de comprendre une telle forme d'existence.

Question : L'information ésotérique peut être conventionnellement appelée le corps de connaissances qui se trouve au-dessus de son habitat avec les connaissances que l'individu en question utilise pour ses activités actuelles. Mais si une personne utilise des connaissances sur les mondes supérieurs pour son progrès, ces mondes supérieurs, basés sur l'intérêt et la nécessité du progrès, peuvent-ils également étudier toute information sur des mondes encore supérieurs qui n'est en aucun cas liée à leur activité réelle ?

Réponse : À tous les Niveaux de la hiérarchie de notre Dieu, c'est ainsi que se réalise la transmission des connaissances supérieures aux mondes inférieurs. Chaque Niveau supérieur transmet une partie de la connaissance au monde inférieur qui lui est adjacent. Toutes les connaissances ne peuvent être transmises, seule une partie d'entre elles l'est. Et le Niveau inférieur lui-même, n'ayant aucune idée du monde supérieur, ne peut créer pour lui-même aucune théorie et aucune connaissance, contribuant à sa progression. Toute connaissance doit être liée à l'objectif de développement du monde souterrain. Et le but ne connaît, encore une fois, que le monde supérieur.

D'autres questions

Élixir de jeunesse
Question : Quelle était l'essence de l'effet des élixirs de jeunesse créés par les magiciens ? Et est-il vraiment possible de transformer un vieil organisme en un nouveau avec leur aide ?

Réponse : Entre des mains compétentes, tout est possible, même la fabrication d'un élixir. Si l'humanité suivait la voie du progrès spirituel, elle aurait possédé ces connaissances depuis longtemps et aurait été capable de se régénérer physiquement et de rajeunir. Avec la possession de certaines connaissances supérieures, il est tout à fait possible de transformer un vieil organisme en un nouvel organisme.

Il y a eu des cas similaires de renouvellement et de rajeunissement dans l'histoire de la Terre, mais cela s'est fait de manière différente. Dans certains cas, le Déterminant de la personne en question était directement impliqué. Il était capable de recoder la structure physique de son disciple si nécessaire. Dans d'autres cas, une personne a reçu des connaissances spéciales qui, utilisées correctement et avec la participation de l'intellect humain, ont donné naissance à l'élixir de jeunesse. L'action de l'élixir reposait sur le même principe d'action que celui des médicaments à base de plantes : il apportait des éléments supplémentaires à l'organisme. Et ces éléments portaient en eux une nouvelle énergie, possédant la capacité de transférer le corps vers un nouveau rythme de travail (afin que le vieux corps revienne au rythme du jeune corps). Il y a eu une mobilisation de la force propre du corps et une nouvelle restructuration.

La nouvelle énergie est introduite dans l'ancienne et la transformation de l'ancienne a lieu. Mais ce qui importe, c'est le programme qui fixe la nouvelle énergie et subordonne tout le reste, le faisant obéir à ses paramètres de transformation. Sans un programme approprié, le renouvellement est impossible.

Les planètes jumelles de la Terre

Question : Notre Terre a eu deux planètes en double. Ces planètes et tout ce qui y existe - personnes, bâtiments - étaient-ils des hologrammes ou réels ? Mais alors qui sont les personnes qui en font partie ? Et cela veut-il dire que nous avons aussi nos doubleurs sur ces planètes ? La vie s'y déroule-t-elle comme la nôtre ou est-elle différente ?

Réponse : Comme nous l'avons déjà dit, l'une des planètes jumelles a déjà péri à cause des choix de développement erronés de l'humanité. Nous allons donc parler de celle qui reste. Cette planète n'est pas un hologramme, elle est matérielle, mais elle existe dans une autre dimension.

La civilisation humaine qui s'y trouve vit des situations similaires aux nôtres, la vie se déroule comme la nôtre, mais les âmes impliquées sont différentes. On ne peut pas les appeler nos doublures, car elles se développent par elles-mêmes. Les gens là-bas sont comme nous, mais ils ne sont ni nous ni vous, ce sont d'autres âmes sur les mêmes Niveaux de développement que nous.

Pour comprendre comment se produit l'analogie entre les vies de différentes âmes, imaginons une pièce de théâtre intitulée Roméo et

Juliette. Le scénario est le même, les personnages principaux sont les mêmes, mais les acteurs qui jouent les rôles seront différents dans les différentes pièces au fil des époques. Il y a vingt ans, Roméo était joué par un acteur, et maintenant il est joué par un autre. C'est-à-dire que deux artistes différents joueront le même rôle, n'étant pas eux-mêmes identiques en qualités d'âme, et ils ne peuvent pas être personnifiés l'un par l'autre, car ils sont complètement différents. Mais leur rôle est le même.

L'intuition

Question : Certaines personnes prétendent qu'on avait l'intuition avant et qu'on l'a ensuite perdue. C'est vrai ?

Réponse : L'intuition n'est pas une qualité perdue, mais une qualité non encore acquise par l'homme. C'est une qualité de l'avenir. Elle doit être développée dans l'homme jusqu'au centième Niveau de la hiérarchie terrestre et au-delà. Mais les gens confondent l'intuition humaine et animale. Cependant, ces derniers (les animaux) ne disposent pas d'une réelle intuition. L'intuition des animaux et l'avenir de l'homme sont construits différemment. L'intuition des animaux est liée aux conditions atmosphériques. Par exemple, les tremblements de terre provoquent des changements dans le rayonnement électromagnétique, la vibration du sol, les ondes sonores. Ce sont ces derniers que les animaux perçoivent comme des signaux de danger.

Si l'on parle d'intuition lorsqu'un chien ou un chat sauve son maître de la mort pour d'autres raisons, ce n'est pas l'intuition qui peut être impliquée, mais d'autres qualités. Si un animal sent que quelque chose est sur le point d'arriver à son propriétaire, sa vision astrale est déclenchée. Ils constatent un changement dans les enveloppes subtiles d'une personne : à un certain moment avant sa mort éventuelle, un canal de sortie de l'âme s'ouvre. Si la menace provient d'une maladie, l'animal voit la maladie pénétrer dans ses structures subtiles grâce à la vision astrale. Leur intuition ne fonctionne pas pour autre chose. Et une personne doit développer une intuition multidimensionnelle. Elle sera capable de prévoir beaucoup de choses et cette intuition sera basée sur plusieurs constructions de plans subtils différents en lui. L'intuition de certaines personnes a déjà commencé à se former.

Les secrets de l'univers

Question : Est-il possible de résoudre tous les mystères de l'univers

?

Réponse : Si l'on ne se rend pas compte que l'on ne fait qu'un avec le monde subtil et que celui-ci existe en dehors de nous, on ne pourra résoudre aucun mystère dans la vie. Tous les mystères proviennent du monde subtil et toutes les explications à leur sujet sont également données par le monde subtil.

L'homme s'attribue constamment de nombreux miracles accomplis à travers lui par les Supérieurs. Par ses mains, ceux qui se trouvent dans le plan subtil guérissent les malades ; par ses lèvres, ils font des prédictions par les Supérieurs ; ils matérialisent aussi des objets et envoient des idées nouvelles, et l'homme en reçoit la gloire.

Il est nécessaire d'apprendre à connaître le monde subtil et ses habitants, de mesurer ses propres capacités et les leurs et de comprendre pourquoi les miracles sont réalisés. Bien sûr, elles ne sont pas envoyées pour la gloire d'un être humain particulier qui serait un guide pour la volonté du Supérieur, mais pour que l'homme aille vers la connaissance de ce qui est au-delà de la visibilité et de ses sens. C'est-à-dire qu'il faut d'abord comprendre dans quel but ces mystères et ces merveilles sont donnés, et alors il sera possible d'orienter correctement sa recherche vers les origines de leurs auteurs.

Dans le cas de l'univers en particulier, au niveau actuel de développement, l'homme n'est pas capable de connaître tous les mystères de l'univers. Pour cela, il faut en avoir au moins une connaissance élémentaire, afin de pouvoir avancer sur la base de cette connaissance, alors que l'homme rejette la connaissance supérieure qui lui est donnée d'En Haut, qui peut accélérer le processus de connaissance de ce qui ne lui est pas accessible pour l'étudier de manière pratique. Il faut d'abord étudier ce qui lui est donné d'En-Haut pour se former des notions sur le monde subtil et ensuite ces notions commenceront à déchiffrer correctement les idées qui lui sont envoyées d'En-Haut pour élucider ces mystères ou d'autres de l'univers et de nombreux phénomènes qui se produisent dans notre monde et qui n'ont pas encore d'explications correctes.

Les mystères ont toujours été et seront toujours présents. Ils aident l'esprit à progresser dans sa connaissance du monde. Ainsi, lorsque certains mystères seront résolus par l'homme, d'autres mystères prendront leur place. C'est juste une façon de pousser l'esprit à connaître la réalité qui l'entoure. Chaque Niveau de développement a ses propres mystères, et le même Niveau détermine combien d'entre eux seront révélés à ce Niveau, et combien passeront au Niveau suivant.

L'évaluation des travaux

Question : Existe-t-il des critères spécifiques pour juger les œuvres ? Pourquoi certaines restent-elles pendant des siècles alors que d'autres sont rapidement oubliées ?

Réponse : Tout d'abord, parlons de l'évaluation humaine des œuvres. Après tout, ce ne sont pas seulement les êtres humains qui les évaluent, mais nécessairement les Enseignants Supérieurs aussi.

Pour apprécier une œuvre sur ses propres mérites, il faut en savoir beaucoup soi-même. L'ignorance rend aveugle et déshumanise ce que l'on voit.

Dans la société humaine, il existe nécessairement certains critères d'évaluation à travers une moralité et une éthique supérieures, à travers la bonté et des idéaux supérieurs, qui sont donnés aux terriens par les Enseignants Supérieurs. La société doit les évaluer à travers le prisme de ces attitudes supérieures. Tout ce qui n'est pas conforme aux idéaux Supérieurs est finalement écarté avec le temps.

Si une personne veut apprécier quelque chose, elle doit s'enrichir de la quantité appropriée de connaissances, élargir sa vision du monde et élever sa moralité. Tout doit fonctionner ensemble. Et plus elle s'élèvera dans ce développement global, plus son évaluation sera juste. Si, par exemple, un individu s'est élevé intellectuellement, s'est enrichi de connaissances, mais que sa morale est encore boiteuse, de quelle évaluation correcte pouvons-nous parler ? Il accordera une grande valeur à tout ce qui lui procure un avantage ou satisfait ses faibles désirs. C'est pourquoi la télévision est aujourd'hui inondée de films avec des scènes de sexe et la poursuite de la richesse matérielle. Les héros ne recherchent pas la connaissance, ils manquent d'idéaux élevés, de désintéressement, de noblesse ; ils ne peuvent que passer leur temps libre dans un café autour d'une tasse de café et d'une conversation oiseuse. Les réalisateurs ne peuvent pas occuper leurs personnages avec quelque chose de sublime, d'utile, d'intelligent parce qu'ils manquent eux-mêmes d'idées et de buts élevés. Autrement dit, le manque de moralité des réalisateurs affecte immédiatement la qualité des œuvres, et lors de leur évaluation, il faut voir que c'est précisément la moralité et la détermination qui manquent à de nombreux héros des films modernes. Mais cela ne peut être compris que si l'on dispose d'un ensemble de connaissances et de sa propre moralité élevée.

Le test de l'homme

Question : Que fait le test pour une personne, à part tester son caractère ?

Réponse : Dans toute situation, il s'agit de surmonter quelque chose de difficile, l'âme accomplit un travail, qui est toujours lié à la transformation d'énergies d'une sorte en une autre. Les épreuves (tests) augmentent donc le potentiel énergétique de l'âme, elles augmentent sa puissance.

Si l'âme vit dans la tranquillité, dans un état détendu, son potentiel énergétique reste faible. C'est comme le corps détendu d'une personne qui ne fait pas d'exercice, comparé au corps fort d'un athlète qui travaille sur lui-même tous les jours. C'est pourquoi le chemin de l'initié n'est jamais parsemé de roses, mais fourmille d'épines, non pas artificielles mais naturelles. Les tests ne doivent pas être artificiels, mais réels, correspondant aux situations de vie d'un niveau de développement donné. La différence entre les épreuves (test) naturelles et les épreuves (test) artificielles est que l'on ne sait jamais ce qui nous attend au prochain tournant - la vie ou la mort. Par conséquent, son risque face aux situations de la vie devient maximal. Mais il existe des défis spécifiques pour chaque niveau de développement humain.

Consacrer (donner) un jour par semaine à Dieu

Question : La Bible dit : "Six jours, tu travailles pour toi-même, mais un jour, le sabbat, tu le consacres à Dieu. Qu'est-ce que cela donne à une personne ?

Réponse : D'une part, c'est la participation à des rites, des rituels religieux ; d'autre part, c'est un moment éducatif qui enseigne le respect et la révérence envers les Supérieurs. Troisièmement, il y avait une signification physique cachée derrière cela : c'était une façon de donner de l'énergie à un être humain. Une fois par semaine, il était obligé d'aller à l'église ou de lire des prières et donc de se ressourcer : donner son énergie par les prières et la participation aux rituels et recevoir une nouvelle énergie en retour.

Pourquoi la religion est-elle apparue ?

Réponse : Les religions ont-elles existé dans les civilisations passées et dans quel but ont-elles été créées ?

Réponse : Il n'y avait pas de religions dans les civilisations passées, mais une connaissance des lois du développement du monde, du cosmos. La religion n'a émergé que dans notre cinquième civilisation. Le besoin de religions est apparu parce que les Systèmes hiérarchiques qui gouvernent la Terre avaient besoin d'un type particulier d'énergie dite spirituelle. Pour la produire et la collecter, les Supérieurs ont inventé un processus technologique où les êtres humains produisent le type d'énergie nécessaire.

Comme nous le savons par l'histoire, la forme originelle de la religion était païenne, l'homme adorait certaines images visibles : le soleil, la montagne, des idoles, des animaux déifiés, etc. Le représentant initial de la cinquième civilisation avait besoin d'une image visible car il ne pouvait croire que ce qu'il voyait. Il vénérait ces images et accomplissait des rituels en quelque sorte et de cette façon, d'une part, il apprenait à honorer d'autres êtres vivants et, d'autre part, il recevait la notion primitive qu'il existe toujours des êtres plus puissants que lui. Troisièmement, en vénérant les différents dieux païens, on produisait, par la récitation de prières, une énergie d'un niveau supérieur à toutes les autres auxquelles on avait affaire à ce moment-là dans les situations de la vie.

Mais avec le développement de l'humanité, sa qualité a dû augmenter, car les Systèmes hiérarchiques devenaient plus exigeants pour le développement de l'homme et pour l'énergie qu'il produisait. Et afin d'améliorer la qualité des énergies produites, il était nécessaire de modifier le processus technologique même de production de l'énergie requise par l'homme, et c'est pourquoi ils ont commencé à introduire une forme d'échange d'énergie entre la Terre et le Ciel comme la religion.

La religion est différente d'une nation à l'autre, ou plutôt certaines nations étaient unies par une religion : bouddhiste, juive, islamique, chrétienne, etc. Elles étaient unies par leur structure subtile et leur Niveau de développement, ce qui les rapprochait les unes des autres dans le spectre des énergies qu'elles produisaient. Chaque nation, chaque peuple, ou plus précisément, son niveau de développement, a nécessité le développement de certains rituels, règles de conduite, rites, conçus pour les types d'énergies avec lesquels ils ont été initialement construits. Et comme les énergies sont différentes, il existe des processus spécifiques pour elles, grâce auxquels ils peuvent être réalisés. C'est précisément parce que les nations sont construites différemment que différentes religions ont été introduites, qui combinaient plusieurs spectres consécutifs d'énergies, ce qui, dans la vie quotidienne, s'exprimait par l'unification de différents peuples et nations par une seule religion. En outre, il est nécessaire de prendre en compte le facteur temps. Tout est toujours en train de changer avec son flux. Et les Systèmes hiérarchiques, qui s'améliorent, ont besoin d'une qualité d'énergie spirituelle de plus en plus élevée. Les anciennes religions sont donc remplacées par de nouvelles. C'est l'exigence du développement évolutif. Et plus une religion est jeune, plus la gamme d'énergies qu'elle porte en elle est élevée.

Mais le point principal est que toutes les religions terrestres ont le même Dieu. Il a créé toutes les religions et les a perfectionnées au fil du temps.

Sauver l'humanité

Question : Le Christ est venu sur Terre pour sauver l'humanité. Mais quelle est le sens du salut humain ?

Réponse : le sens du salut est son renouvellement énergétique. Le Christ a apporté de nouvelles énergies à l'humanité pour les 2000 années suivantes. Et ses enseignements, la Bible, les prières - tout cela a été construit sur les énergies de la nouvelle gamme d'énergies, couvrant la période allant de sa venue jusqu'à la fin du 20e siècle. L'humanité doit s'élever au prochain Niveau de développement et pour cela, il était nécessaire qu'elle remplisse ses enveloppes subtiles avec ces types d'énergies, et elles (ces énergies) élèveront l'homme à ce Niveau auquel il appartient. Ceux qui ont absorbé en eux les nouvelles énergies se sont élevées et sont passés au Niveau de développement suivant, tandis que ceux qui n'ont pas accepté les nouveaux enseignements sont restés au Niveau inférieur, et les Supérieurs travaillent toujours avec eux séparément, les envoyant dans les mondes inférieurs ou les décodant. Par conséquent, celui qui a absorbé les énergies nécessaires et s'est élevé plus haut a été sauvé.

Il n'est pas nécessaire de brandir des épées et de tuer quelqu'un pour sauver l'humanité. Le salut peut se faire tranquillement, sans bruit et sans être remarqué par l'individu. Il apprend les nouveaux enseignements et semble faire très peu, mais il s'avère qu'il se sauve ainsi.

L'apocalypse n'aurait peut-être pas eu lieu du tout si, en l'an 2000, l'homme avait réussi à modifier sa conscience à temps pour s'adapter aux Supérieurs. Il s'agit de sa conscience basse et mal construite. Avec de tels concepts qu'une personne a formés à ce jour, elle ne peut pas s'élever à un Niveau Supérieur. C'est pourquoi, en tant que défectueux, les Supérieurs doivent retirer de la circulation tout ce qui ne leur convient pas. Cependant, la mort elle-même ne supprime pas la personne, elle ne fait que séparer les âmes : certaines iront dans la sixième race, tandis que d'autres seront décomposées ou iront dans les mondes inférieurs.

*   *   *

Sommaire

La liste des livres
Série « Au-delà de l'inconnu »
Seklitova L.A & Strelnikova L.L

Site : www.6paca-france.com
Mail : 6paca.fr@gmail.com;

- ❖ « L'Esprit Supérieur révèle les mystères »
- ❖ « L'Âme et les secrets de sa structure »
- ❖ « Les mystères des mondes Supérieurs »
- ❖ « La vie secrète des Maitres Célestes »
- ❖ « La structure d'énergie d'une personne et de la matière »
- ❖ « Les rencontre avec les invisibles »
- ❖ « La création des formes ou bien les expérimentes de l'Esprit Supérieur »
- ❖ « La vie dans un corps d'autrui »
- ❖ « L'Homme de l'ère du Verseau »
- ❖ « Les perles des vérités Supérieurs »
- ❖ « Le dictionnaire de la philosophie cosmique »
- ❖ « La matrice – base de l'âme »
- ❖ « Le doigt du Destin »
- ❖ « La terrestre et l'éternité »
- ❖ « Le feu de Prométhée »
- ❖ « Notre Armageddon »
- ❖ « La philosophie de l'éternité »
- ❖ « La philosophie de l 'Absolu »
- ❖ « La personnalité et l'éternité »
- ❖ « La formation de l'âme ou paradoxale philosophie » Tome1et2
- ❖ « Le nouveau modèle de l'Univers »
- ❖ « Les lois de l'univers ou les bases de l'existence de la hiérarchie Divine »
- ❖ « Les mystères du 21ème siècle » (FAQ)
- ❖ « Le chemin de l'inconnu » (FAQ)
- ❖ « Les révélations du cosmos »
- ❖ Les conversations sur l'inconnu »
- ❖ « Le mystère à la réalité »
- ❖ « Le Formule de l'évolution »

- ❖ « L'illusion de vérité »
- ❖ « L'homme de la race d'or »
- ❖ « Le but du développement de l'homme »
- ❖ « Les doubles de la Terre » (FAQ)
- ❖ « Au-delà du monde visible » (FAQ)
- ❖ « Les capacités paranormales »
- ❖ « La transformation des âmes de différentes formes de vie » (FAQ)
- ❖ « La réponse de Pythagore » (FAQ)
- ❖ « Les découvertes sans télescope » Tome 1 et 2
- ❖ « De quoi la science ne parle pas »
- ❖ « Comment ne pas tomber dans l'enfer »

Série « Encyclopédie d'une Nouvelle Ère »
Seklitova L.A & Strelnikova L.L

Section : L'Homme de la sixième race » :
1. « Le création de l'Homme » Tome 1
2. « Le création de l'âme » Tome 2
3. « Le développement de la pensée » Tome 3
4. « La Naissance, la Mort et le Karma » Tome 4
5. « L'Amour, la Famille et l'Enfants » Tome 5
6. « Le développement de l'Homme » Tome 6
7. « Le Choix de l'Âme ou bien le développement positive et négative » Tome 7
8. « Le Sort, le Destin ou bien le Rôle des Programmes dans le développement » Tome 8
9. « L'Humanité » Tome 9
10. « L'Homme Incroyable » Tome 10
11. « Le nouveau sur la religion » Tome 11

Section : « La race de la Terre d'or » :
12. « La Terre est une planète qui pense» tome 12
13. « Les mystères du Temps » tome 13
14. « L'univers et ses mondes » tome 14

Série « Magie de la Perfection »

Seklitova L.A & Strelnikova L.L

- ❖ « La Liberté et l'inévitable »
- ❖ « Les leçons Karmiques du Destin »
- ❖ « La Phénomène de l'âme »
- ❖ « Le Grand Passage ou les Variantes de l'Apocalypse »
- ❖ « Les Causes des souffrances d'une personne »
- ❖ « 2012, La fin du Monde ou Prédictions Optimistes »
- ❖ « Pourquoi la Terre change »

Série « Spiritualité à Aphorisme »
Seklitova L.A & Strelnikova L.L

Cette série Cette série comprend des livres suivants:
« Facettes du diamant »,
« Blues d'étoile »,
« Miroir de la sagesse »,
« Pétales du lotus »,
« Ode de l'éternité »,
« Sonate de la vérité »,
« Sagesse *à aphorisme* »,
« Vérités éternelles ».
« La sagesse dans les aphorismes »
« Pointes et roses »